TITANIC
24 STUNDEN BIS ZUM UNTERGANG

Stephen Davies

TITANIC

24 STUNDEN BIS ZUM UNTERGANG

Mit Bildern von
Torben Kuhlmann

Aus dem Englischen von Ann Lecker

 ALADIN

Für Emily, Sam, Edward und Alexander

Auch wenn dieses Buch auf echten Personen
und tatsächlichen historischen Begebenheiten
beruht, hat der Autor manche Situationen
und Figuren erfunden.

KAPITEL 1

»Hey, Ralph, tauschen wir heute Abend Kojen?«

»Warum?« Mein großer Bruder klang misstrauisch. »Hast du vor, gegen meine Bettfedern zu treten, Jimmy?«

»Natürlich nicht«, erwiderte ich und versuchte ganz unschuldig zu klingen. »Ich will einfach nur mal die untere Koje ausprobieren.«

»Na schön. Aber keine Faxen, verstanden?«

Mam schaltete das Licht aus und legte sich neben unseren Kojen in ihr Bett.

»Schlaft gut, Jungs«, sagte sie. »Nur noch dreimal schlafen, bis wir in New York sind. Nur noch dreimal schlafen, bis wir euren Pa wiedersehen und unser neues Leben in Amerika beginnen.«

Die gewaltigen Maschinen der *Titanic* hämmerten und ächzten unter uns und das beständige Auf und Ab des Schiffs wiegte uns in den Schlaf.

Zumindest wiegte es Mam und Ralph in den Schlaf. Ich hingegen zwickte mich, um wach zu bleiben. Ich hatte nicht vor, die Nacht mit Schlafen zu verbringen.

Sobald es sicher war, kletterte ich leise aus meiner Koje und arrangierte einen »falschen Jimmy« unter den Decken. Den Körper formte ich aus zusammengerollten Kleidern und für den Kopf benutzte ich Ralphs Fußball. Dann schlich ich durch die Kabine, schlüpfte nach draußen und schloss so leise wie möglich die Tür.

Ich stieg die Treppe hoch, während ich bei dem Gedanken an den vorgetäuschten Jimmy in meinem Bett in mich hineinlachte und schon ganz aufgeregt war wegen des Abenteuers, das vor mir lag. Ich hatte Geschichten von wilden Partys im Aufenthaltsraum der dritten Klasse vorne im Schiff gehört und jetzt würde ich selbst eine erleben.

Der Korridor auf der Backbordseite des E-Decks war der längste im ganzen Schiff. Die Besatzung hatte ihm den Spitznamen »Scotland Road« gegeben. Die Musik und das Gelächter wurden lauter, je weiter ich ihn hinunterrannte, und als ich die letzte Treppe hinaufging, befand ich mich plötzlich inmitten der besten Party, auf der ich je gewesen war.

Ein Banjo-Spieler und ein Akkordeonist standen mitten im Raum auf einem Tisch und spielten ausgelassen auf ihren Instrumenten. Um sie herum klatschten Männer und Frauen in die Hände und stampften mit den Füßen so fest im Takt, dass der ganze Raum bebte. Ich erkannte die Melodie: »Der Kleine Bettelmann«, eines der Volkslieder, die Pa immer gesungen hatte, als wir noch zusammen in Kilkenny lebten, bevor er nach Amerika auswanderte.

Ich bin ein kleiner Bettelmann und bettele immerdar
Auf dieser grünen Insel seit dreimal zwanzig Jahr'.

Ein paar der herumstehenden Männer und Frauen bildeten Reihen und fingen an, wie die Leute bei mir zu Hause in Irland zu tanzen. Sie hielten ihre Oberkörper ganz still, aber ihre Beine bewegten sich rasend schnell, sprangen, kickten und hüpften zur Musik. Alle anderen warfen die Köpfe in den Nacken und sangen aus vollem Hals. Also, wenn ihr mich fragt, hörten in jener Nacht selbst die Menschen in New York, die sechstausend Kilometer entfernt in ihren Betten lagen, »Der Kleine Bettelmann«.

Ein Mann mit dunklen Augen in einem eleganten Anzug gesellte sich zu den Musikern auf dem Tisch. Er hielt ein birnenförmiges Instrument in der Hand, das ich noch nie gesehen hatte, und begann seine Saiten mit etwas zu zupfen, das wie eine Feder aussah.

Ich schlief in der Scheune in Caurabawn,
Die Nacht war feucht und ich schlief bis zum Morgen
Mit Löchern im Dach und im strömenden Regen,
Und die Ratten und Katzen jagten sich durch die Gegend!

Gerade als wir den Teil mit den Ratten und Katzen sangen, huschte eine echte lebende Ratte unter den Tisch und sauste zwischen den Tänzern umher. Leute schrien und zeigten mit dem Finger auf sie. Ein paar sprangen auf Stühle und Tische und wieder andere stürmten der Ratte hinterher und lachten sich kaputt.

»Fangt sie!«, schrien sie.

Ich bahnte mir einen Weg durch die Menge und kam der Ratte immer näher. Ich habe in meinem Leben schon so einige Nagetiere gefangen und das Geheimnis ist einfach: Jage sie nicht, sondern fange sie ab. Greife nicht dorthin, wo die Ratte ist, sondern wo sie sein *wird*.

Ich warf mich auf den Boden und legte vor der weghuschenden Ratte die Hände zusammen.

»*Erwischt!*«, schrie ich, aber ich hatte mich zu früh gefreut. Eine andere Hand schoss vor meiner dazwischen und schnappte die Ratte. Wir knallten mit den Köpfen zusammen und ich verlor das Bewusstsein.

KAPITEL 2

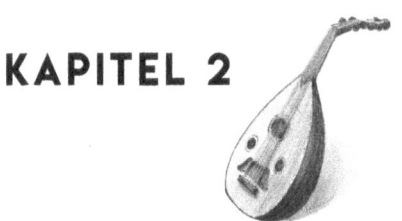

Als ich wieder zu mir kam, stellte ich fest, dass der Kopf und die Hand zu einem anderen Jungen gehörten, der etwa so alt war wie ich. Er sprang jetzt wie ein Irrer durch die Gegend und wedelte triumphierend mit der Ratte in der Luft umher. Alle jubelten und der Akkordeonist griff wieder in die Tasten.

Der Junge kniete sich neben mich hin. Er hatte dunkle Augen und dichtes, lockiges Haar.

»Das war Pech«, sagte er.

Ich rieb mir den Kopf. Das Zimmer um mich herum schien sich immer noch zu drehen.

»Pech, von wegen«, blaffte ich ihn an. »Pass lieber auf, wo du hinrennst, du Trottel.«

Der Junge runzelte die Stirn. »Was ist ein Trottel?«

»Ein Tollpatsch«, erwiderte ich.

Der Junge nahm die Ratte in die linke Hand und streckte mir die rechte hin, damit ich sie schüttelte. »Ich bin Omar«, stellte er sich vor.

»Ich bin Jimmy«, antwortete ich. »Wo kommst du her?«

»Libanon«, sagte Omar. »Aber mein Dad hat mir Englisch beigebracht, als ich noch klein war. Er sagt, dass man Englisch sprechen muss, wenn man die Welt bereisen will. Das ist er, da oben auf dem Tisch. Der mit der Ud.«

»Mit der was?«

»Der Ud. So heißt das Saiteninstrument, das er spielt. Das tränenförmige Instrument.«

Ich sah zum Ud-Spieler hinüber, der jetzt von dunkelhaarigen Männern und Frauen umgeben war. Diese Männer und Frauen tanzten einen Tanz, der einem irischen überraschend ähnelte, nur waren die Schritte länger.

Omar fing an zu tanzen und machte einen großen Schritt erst zur einen und dann zur anderen Seite.

»Es ist ein libanesischer Tanz«, schrie er über die Musik hinweg. »Wir nennen es den Dabke, ›Dachtanz‹.«

»Dachtanz!« Darüber musste ich lachen.

»Die Häuser im Libanon haben flache Dächer aus Lehm«, erklärte Omar. »Jedes Jahr erneuern wir die Dächer mit frischem Lehm und laden alle unsere Freunde ein, damit sie kommen und darauf tanzen. Dabei wird der

Lehm so fest wie möglich gestampft, damit das Dach nicht leckt.«

Ich stand auf und probierte ein paar Tanzschritte aus, doch es dauerte nicht lange, bis ich über meine eigenen Füße stolperte und mit dem Hintern auf dem Boden landete.

Omar krümmte sich vor Lachen. »Und wer ist jetzt der Trottel?«

Wir schlenderten zu einem der Essenstische und aßen ein paar Apfelscheiben und Kräcker. Omar gab der Ratte ein Stück Kräcker, die gierig daran knabberte.

»Also, Jimmy«, sagte Omar. »Was hältst du von der Titanic?«

»Sie ist großartig«, antwortete ich. »Ich habe schon Stunden damit verbracht, sie zu erkunden.«

»Ich auch.« Omars Augen glänzten. »Wenn es irgendwas über dieses Schiff zu wissen gibt, weiß ich darüber Bescheid.«

»Ich wette, dass du den Namen des Kapitäns nicht kennst.«

»Kapitän Edward Smith«, gab Omar stolz zurück.

»Aber du weißt bestimmt nicht, wo die Eisküche ist.«

»Und ob ich das weiß«, sagte Omar. »Ich war drin – und rausgejagt wurde ich auch!«

»Was ist mit der Squashhalle?«

»War ich schon.«

»Postraum? Herrenfriseur? Hundezwinger?«

»Da war ich schon überall«, bekräftigte Omar. »Und du? Bist du schon in den Laderäumen gewesen, wo sie das Gepäck aufbewahren?«

»Ich war in Laderaum vier«, sagte ich. »Dort hab ich eine große Kiste gesehen, auf der ›Marmeladenmaschine‹ stand.«

»Du hättest dich in Laderaum zwei umschauen sollen«, meinte Omar. »Da stehen Kisten mit der Aufschrift ›Drachenblut‹.«

»Was?« Ich starrte ihn an. »Das is 'n Scherz, oder?«

»Das ist kein Scherz«, erwiderte Omar. »Wenn du willst, zeig ich's dir morgen früh.«

KAPITEL 3

Als wir noch in Kilkenny lebten, aßen Ralph und ich immer Porridge zum Frühstück. Auf der *Titanic* konnten wir auch Porridge haben, wenn wir wollten, aber darüber hinaus gab es Ofenkartoffeln, geräucherten Hering, Steak und so viel frisches Brot und Orangenmarmelade, wie wir essen konnten.

Als ich die Treppe zum Speisesaal der dritten Klasse hochging, entdeckte ich Omar, der bereits bei einem der Tische mit dem Essen stand und sich einen Berg Steak und Zwiebeln auf den Teller schaufelte. Ich rannte von hinten an ihn heran und zwickte ihn in den Nacken.

»Hey!«, kreischte Omar. »Deinetwegen hätte ich fast meinen Teller fallen lassen.«

»Wenn du ihn mit noch mehr Fleisch belädst, bricht er sowieso gleich auseinander«, gab ich zurück.

Omar lachte. »Ich sag dir was, Jimmy, wenn das ein

Frühstück dritter Klasse ist, bleibe ich nur zu gern für den Rest meines Lebens in der dritten Klasse!«

Während wir frühstückten, erzählte mir Omar von seiner Familie. Er reiste mit seinen Eltern, seinen zwei älteren Schwestern und seinem vierjährigen Bruder Tannus. Sein Dad war im Libanon ein berühmter Musiker und hoffte, in Amerika reich zu werden. Bisher war ihre Reise lang und beschwerlich gewesen. In den letzten drei Wochen war Omar auf einem Esel geritten, war mit zwei Schiffen und zwei Zügen gefahren.

»Was für ein Abenteuer!«, sagte ich. »Du musst ganz schön müde sein.«

»Jetzt nicht mehr«, antwortete er. »Auf der Titanic kann man nicht müde sein. Das ist viel zu aufregend.«

»Da fällt mir ein, wann zeigst du mir das Drachenblut?«

Omar stand auf und steckte sich den letzten Bissen Steak in die Tasche. »Jetzt sofort.«

Er ging voran, erst die Treppe hinauf und dann die Scotland Road entlang. Aber anstatt nach oben in den Aufenthaltsraum zu gehen, stiegen wir zwei Treppenabsätze nach unten in den Schiffsbauch.

»Du bist falsch abgebogen«, sagte ich. »Hier unten gibt's nur Dritte-Klasse-Kabinen.«

»Vertrau mir«, erwiderte Omar.

Er blieb vor Kabine 248 stehen, drückte das Ohr an die Tür, drehte dann den Türknauf und trat ein. Die Kabine war größer als unsere, mit drei Stockbetten und viel Gepäck.

»Wem gehört diese Kabine?«, fragte ich.

»Mir«, sagte Omar. »Keine Sorge, meine Familie ist oben im Speisesaal und frühstückt.«

»Ich dachte, wir gehen in einen Laderaum.«

»Machen wir auch.«

Omar nahm eine Münze aus seiner Tasche und kroch unter eines der Stockbetten. »Hier unten ist ein Luftschacht«, erklärte er. »Wenn ich die Abdeckung aufstemme, können wir uns noch gerade so durchzwängen.«

Ich kniete mich hin. Als meine Augen sich an die Dunkelheit unter dem Bett gewöhnt hatten, sah ich eine Metallplatte auf dem Boden und Omars Füße, die durch einen schmalen Schacht verschwanden.

KAPITEL 4

»Jetzt du.« Omars Stimme klang gedämpft und wie aus weiter Ferne. »Sei aber vorsichtig. Auf dieser Seite geht es ziemlich tief nach unten.«

»Du bist noch verrückter als ich«, murmelte ich und kroch ganz unter das Bett.

Ich wand mich durch den engen Spalt und starrte schließlich hinunter in einen großen, schwach erleuchteten Gepäckladeraum voller hoch aufgestapelter Kisten. Omar hangelte sich an einem dicken Metallrohr entlang und ließ sich auf einen Stapel Matratzen fallen. Ich folgte seinem Beispiel und landete neben ihm, wobei ich auf den brandneuen Matratzenfedern hoch in die Luft sprang.

Omar richtete sich auf, ging in die Knie und machte zwei schnelle Rückwärtssaltos.

»Drachenblut?«, erinnerte ich ihn.

»Oh, ja.« Omar kletterte von den Matratzen hinunter

und bahnte sich einen Weg zu einem Stapel Kisten auf der Steuerbordseite. »Da«, sagte er und zeigte darauf.

Ich las es zweimal, weil ich zuerst meinen Augen nicht trauen wollte. »Unglaublich!« Ich schnappte nach Luft.

»Nicht so laut«, flüsterte Omar. »Sonst hört uns noch jemand.«

Ich näherte mich den Kisten und ließ die Hand über sie gleiten. Sie bestanden aus dunklen Holzlatten und waren mit einer dünnen Staubschicht bedeckt. Ich streckte die Hände aus und tastete an der obersten Kiste entlang, bis ich auf beiden Seiten auf Holzgriffe stieß.

»Was machst du da?«, wollte Omar wissen.

»Ich will einen Blick reinwerfen.«

Omar starrte mich an. »Das kannst du nicht machen!«

»Warum nicht?«

»Da ist wahrscheinlich irgendwas Magisches drin oder so.«

»Was Magisches? Erzähl keinen Quatsch«, gab ich zurück. Ich zog die oberste Kiste zu mir, sodass ihr Gewicht auf meinem Oberkörper lastete, und ließ sie dann vorsichtig auf den Boden hinunter. Ein Käfer krabbelte über meine Hand und verschwand in der Dunkelheit.

»Das ist kein Quatsch!«, protestierte Omar. »Warum sollte da ›Vorsicht!‹ draufstehen, wenn es gar nicht gefährlich wäre?«

»Auf Kisten steht immer ›Vorsicht!‹« Ich holte mein Taschenmesser aus der Tasche. »Ich mach sie auf, Omar, und du kannst mich nicht aufhalten.«

Ich schob die Klinge unter eine Ecke des Deckels und drückte ihn hoch. Ein süßer, würziger Geruch stieg mir in die Nase.

Omar packte mich am Arm. »Jimmy, bitte!« Sein Gesicht war blass vor Angst.

»Beruhig dich, Omar!« Ich zwängte meine Finger in den Spalt und fing an, den Deckel Zentimeter für Zentimeter aufzustemmen. Die Holzlatten knarzten unheimlich.

»Ich hab's gleich«, flüsterte ich. »Nur noch ein bisschen –«

»He!«, schrie da eine Stimme.

Es war nicht Omars Stimme.

Mein Kopf schnellte hoch und ich sah einen Mann mit breitem Brustkorb und einer dunkelblauen Uniform. Er war etwa zwölf Schritte von uns entfernt und die Überraschung in seinem Blick hatte sich bereits in Wut verwandelt. Ich richtete mich auf und wich langsam zurück.

»He!«, brüllte der Matrose noch einmal. »Was macht ihr Jungs da mit dieser Kiste?«

»Nichts«, krächzte ich.

»Ihr versucht sie aufzumachen, ihr kleinen Diebe, ihr Rotzlöffel.« Er ging mit ausgebreiteten Armen auf uns zu, wie ein Bauer, der eine Henne einzufangen versucht.

»Jimmy«, flüsterte Omar. »Wir sollten uns wohl lieber aus dem Staub machen.«

KAPITEL 5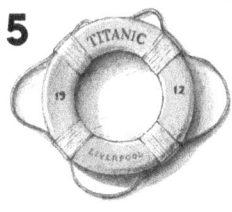

Der Matrose machte einen Satz nach vorne und versuchte uns zu packen, aber wir waren zu flink für ihn. Wir wichen ihm nach hinten aus, flitzten hinter den Stapel Drachenblut und sprinteten zwischen zwei Reihen Gepäckkisten einen engen Gang entlang.

»Kommt sofort her, ihr Lausebengel!«, brüllte der Matrose. »Ich sollte euch über Bord schmeißen!«

Der Gang führte nach draußen in einen offenen Bereich. Ein Renault-Automobil, das feinste Fahrzeug, das ich je gesehen hatte, stand dort auf Holzblöcken. Selbst im schwachen Licht des Laderaums glänzten seine burgunderrote Karosserie und seine Messingteile.

Wir versteckten uns hinter dem Renault und hielten die Luft an. Als wir durch die Fenster des Autos lugten, konnten wir sehen, wie der Matrose im Laderaum umherstrich, auf das kleinste Geräusch horchend.

»Die Tür hinter ihm«, flüsterte Omar mir ins Ohr. »Ich glaube nicht, dass sie richtig zu ist. Ich sorge für eine Ablenkung und dann machen wir uns aus dem Staub.«

Ich nickte.

Omar holte eine Murmel aus seiner Tasche und warf sie vorsichtig hinter einen Stapel Kisten. Sie fiel klackernd auf den Boden und rollte weg.

Der Matrose rannte auf das Geräusch zu und wir stürmten zur Tür.

Auf der anderen Seite der Tür befand sich eine Wendeltreppe. Wir rannten hinauf, wobei wir gleich drei Stufen auf einmal nahmen. Der Matrose stürzte hinterher und war uns dicht auf den Fersen.

»Hier war ich noch nie«, sagte ich keuchend. »Wo sind wir?«

»Im Treppenaufgang der Besatzung vorne im Schiff.«

»Das heißt Bug, nicht vorne«, korrigierte ich ihn.

»Vorne, Bug, ist doch egal, uns ist der Zutritt hier verboten.«

Wir rannten immer weiter nach oben. Am Ende des vierten Treppenabsatzes stieg uns plötzlich der Geruch von geräuchertem Hering in die Nase.

»Die Küche der Besatzung!«, schrie Omar. »Da lang!«

»Kombüse«, keuchte ich, während ich hinter ihm den Korridor entlangrannte. »Auf einem Schiff sagt man Kombüse, nicht Küche.«

»Halt die Klappe«, schnaufte Omar.

Wir jagten an den Kabinen der Matrosen und der Kombüse vorbei und stürmten dann durch eine nicht gekennzeichnete Tür hinaus an die frische, salzige Luft. Dieses Welldeck war ein Dritte-Klasse-Bereich und voller Dritte-Klasse-Passagiere, die sich mit allen möglichen Spielen die Zeit vertrieben: Ringewerfen, Murmeln, Seilspringen und Armdrücken. Schreie und Gelächter mischten sich unter das Hämmern der Schiffsmaschinen und das Schlagen des Meeres gegen den Bug.

Omar und ich trennten uns. Er stellte sich zu einer Gruppe Jungs, die Murmeln spielten, und ich lehnte mich über die Reling und tat so, als würde ich aufs Meer hinausschauen. Aus dem Augenwinkel konnte ich unseren Verfolger plötzlich auftauchen und ins Licht blinzeln sehen. Er ließ ein, zwei Minuten lang den Blick übers Deck schweifen, gab aber schnell auf und ging wieder hinein.

Ich setzte mich auf einen Lukendeckel und schwor mir, nie wieder einen Laderaum zu betreten.

KAPITEL 6

Ein Mann mit Schiebermütze und rotem Schnurrbart schlenderte mit einem irischen Dudelsack an mir vorbei. Er spielte eine alte irische Weise, »Erins Wehklage«, was mich an den Nachmittag erinnerte, an dem wir in Queenstown an Bord der *Titanic* gegangen waren. An dem Tag hatte er dasselbe Lied gespielt. Ich erinnerte mich, wie ich damals dachte, dass diese kummervolle Melodie eine merkwürdige Wahl für die Jungfernfahrt eines so wunderbaren Schiffs war.

Alles, was unser Ablegen in Queenstown begleitete, war mir noch frisch in Erinnerung. Die Kutschfahrt von Kilkenny, die im Hafen umherlaufenden Menschenmengen, das Klagen und Kreischen der Möwen. Vor allem erinnerte ich mich an den Moment, als ich die *Titanic* zum ersten Mal erblickte – ihren gigantischen Schiffskörper, ihre glänzenden Decks und riesigen rauchenden Schlote.

Mam, Ralph und ich waren über eine Laufplanke gleich hier auf dem vorderen Welldeck an Bord gegangen. Ein Amtsarzt hatte meinen Kopf auf Läuse überprüft und mich die Zunge rausstrecken lassen, um sicherzugehen, dass ich kein Scharlach hatte. Im selben Moment, als ich ihm meine Zunge zeigte, sah ich ein Mädchen, das mich vom Deck der ersten Klasse über mir beobachtete. Sie dachte wohl, ich würde ihr die Zunge rausstrecken, denn sofort streckte sie *mir* die Zunge raus!

Danach hatte ich das Mädchen noch ein paarmal gesehen. Sie stellte sich oft an die Reling, ihren Dufflecoat eng um sich geschlungen, während ihre kastanienbraunen Locken im Wind wehten. Jedes Mal, wenn sie dort stand und die Passagiere der dritten Klasse dabei beobachtete, wie sie Spaß hatten, sah sie ein wenig traurig aus. Sie wäre wohl lieber hier unten gewesen und hätte Spaß mit uns gehabt, als oben in der ersten Klasse bei ihrer piekfeinen Familie zu sein.

Ich sah hoch zum Deck der ersten Klasse. Und tatsächlich, da war sie wieder und blickte hinunter aufs Welldeck. Nur baumelte sie diesmal mit dem Kopf nach unten, die Knie über der Reling.

»Beryl!«, schrie eine Frau in einem langen Pelzmantel,

während sie auf sie zueilte. »Lass diesen Unsinn! Du wirst noch runterfallen und dir den Hals brechen!«

»Mir geht's gut, Mama«, erwiderte das Mädchen und warf ihrer Mutter mit dem Kopf nach unten einen bösen Blick zu.

»Dir wird es gar nicht mehr gut gehen, wenn du mit zerschmetterten Knochen auf dem Welldeck liegst. Außerdem haben diese armen Leute da unten schon genug Probleme in ihrem Leben, auch ohne dass du ihnen auf den Kopf fällst.«

Beryl seufzte und richtete sich wieder auf. Dabei fielen zwei winzige Zettel aus der Tasche ihres Dufflecoats und flatterten hinunter auf den Sockel eines Ladekrans.

»Mama!«, schrie Beryl. »Meine Karten für den Gymnastikraum sind runter aufs Welldeck gefallen.«

»Gott sei Dank ist das die einzige Sache, die aufs Welldeck gefallen ist«, blaffte die Frau. »Komm jetzt, rein mit dir.«

»Aber, Mama, die Karten …«

»Vergiss die Karten! Dein Vater hat tausend Pfund für unsere Suite bezahlt. Da wird er sich nicht weigern, auch noch einen Schilling für ein paar Eintrittskarten für den Gymnastikraum auszugeben.«

Sobald Beryl und ihre Mutter weg waren, schlug ich zu. Ich sprang vom Lukendeckel auf ein Metallgeländer und von dort auf den Sockel des Ladekrans. Dann streckte ich die Hand aus und schnappte mir die Karten, bevor sie der Wind wegwehte.

»Geh sofort da runter!«, schrie mich ein Steward vom Deck der ersten Klasse aus an. »Das ist gefährlich!«

Ich kletterte zurück aufs Deck und betrachtete die Eintrittskarten in meiner Hand.

Omar eilte zu mir herüber. »Was hast du auf dem Kran gemacht?«, fragte er. »Ich hab gehört, wie der Steward dich angeschrien hat.«

»Nichts Besonderes«, antwortete ich. »Hab mir nur die hier geholt.«

»Für den Gymnastikraum der ersten Klasse!« Als Omar mir über die Schulter lugte, fielen ihm fast die Augen aus dem Kopf. »Ich glaub's nicht. Ein elektrisches Kamel!«

»Immer mit der Ruhe«, sagte ich. »Du weißt doch, dass Passagiere der dritten Klasse den Gymnastikraum nicht benutzen dürfen.«

»Wer wird schon rauskriegen, dass wir aus der dritten Klasse sind?«, rief Omar aus. »Steht uns etwa ›dritte Klasse‹ auf die Stirn geschrieben? Komm schon, Jimmy, ein elektrisches Kamel! Wenn wir das nicht machen, werden wir es für den Rest unseres Lebens bereuen!«

KAPITEL 7

Im Speisesaal der dritten Klasse gab es zum Mittagessen Kaninchenpastete mit Kartoffeln, grünen Bohnen und Bratensoße. Während wir aßen, erzählte mir Omar Geschichten von Ausritten, die er mit echten Kamelen zu Hause im Libanon gemacht hatte.

»Schau einem Kamel nie in die Augen«, riet er mir, »wenn du aufsteigst. Und stell dich niemals direkt vor eins, es sei denn, du möchtest, dass es dir der Kopf abbeißt.«

»Danke für den Tipp«, sagte ich. »Und was ist mit elektrischen Kamelen?«

»Ein elektrisches Kamel hab ich noch nie getroffen«, kicherte er, »aber es gibt für alles ein erstes Mal.«

Da ich keinen Anzug hatte, lieh Omar mir einen, sogar mit Krawatte. Um ein Uhr sahen wir beide wirklich sehr fein aus. Das Problem war nur, dass wir keine Ahnung hatten, wo sich der Gymnastikraum befand.

»Ich dachte, du wärst auf dem Schiff schon überall gewesen«, sagte ich.

»Überall außer in der ersten Klasse«, gab Omar zu. »Du?«

»Ich auch.«

»Ich hab eine Idee«, meinte Omar. »Wir benutzen die Leitern vom Welldeck. Die gehen ganz bis hoch zum Promenadendeck der ersten Klasse.«

»Du meinst die Leitern, die mit Ketten und Kein-Zutritt-Schildern abgesperrt sind?«, hakte ich nach.

»Genau die.«

»Die Leitern, die man von der Kommandobrücke aus übersehen kann?«

»Ja.«

»Viel zu riskant«, erwiderte ich. »Komm, ich habe eine bessere Idee.«

Ich ging die Scotland Road hinunter vorbei an der Bäckerei und den Kabinen der Stewards. Auf der linken Seite, kurz vor dem Turbinenraum, befand sich eine einfache graue Tür, auf der »ZUTRITT STRENGSTENS VERBOTEN« stand.

»Der Treppenaufgang der Stewards. Ich habe gehört, dass er direkt in die Anrichtekammer der ersten Klasse führt.«

»Na, dann los.«

Sobald die Luft rein war, drehten wir den Türgriff und schlüpften durch die Tür. Als ich die verbotene Treppe hochstieg, wurde ich ganz aufgeregt.

Da im Speisesaal der ersten Klasse gerade das Mittagessen serviert wurde, war in der Anrichtekammer die Hölle los. Stewards eilten mit Champagnerflaschen und Servierplatten voller Austern, Lachs und Spargel hin und her.

Ein Koch stand mit dem Rücken zu uns an einem Tisch, auf dem Schweine-, Rind- und Lammfleisch aufgehäuft war. Er war gerade dabei, ein riesiges Messer zu schärfen.

Omar tippte ihm auf die Schulter.

»Entschuldigen Sie, mein Guter«, sagte er mit piekfeiner Stimme. »Ist das der Gymnastikraum?«

»Nein, Sir, das ist die Anrichtekammer«, antwortete der Koch. »Der Gymnastikraum ist oben auf dem Bootsdeck. Nehmen Sie die große Treppe bis ganz nach oben, Sir.«

»Danke«, sagte Omar.

Wir verkniffen uns mit Mühe ein Lachen und marschierten in den Speisesaal der ersten Klasse. Elegant gekleidete Leute saßen in bequemen Sesseln, nippten an Weingläsern und aßen köstlich aussehende Gerichte. Niemand beachtete uns.

Omar stupste mich an und zeigte auf einen breitschultrigen Mann, der einen Smoking trug. Er saß neben dem Backbordfenster und trank Kaffee mit einer jungen Frau.

»Weißt du, wer das ist?«, fragte Omar. »Das ist John Jacob Astor. Mein Vater hat mir einen Zeitschriftenartikel über ihn gezeigt. Er ist einer der reichsten Männer der Welt.«

Am anderen Ende des Speisesaals öffnete ein Steward eine große Eichentür für uns. Wir gingen hindurch in einen schicken Gesellschaftsraum mit dicken Teppichen, Kristallkronleuchtern und – ich übertreibe nicht – dem umwerfendsten Anblick, den ich je zu Gesicht bekommen hatte.

KAPITEL 8

Vor uns erstreckte sich eine wunderschöne Treppe. Ich hatte Bilder vom Hauptaufgang der *Titanic* gesehen, aber als ich mich mit Omar auf ihn zubewegte, hatte ich das Gefühl zu träumen. Wir gingen an kostbaren Gemälden, Engeln aus Bronze und einer eleganten Uhr vorbei, die von zwei geschnitzten Holzfiguren flankiert wurde.

»Wie eine Treppe zum Himmel«, murmelte Omar.

Oben auf dem Bootsdeck war die erste Tür, die wir erreichten, mit »Gymnastikraum« gekennzeichnet.

»Immer herein!«, forderte uns ein gut aussehender, ganz in Weiß gekleideter Mann auf. »Ich bin Mr McCawley. Haben Sie Ihre Eintrittskarten? Wunderbar! Willkommen im Gymnastikraum. Was möchten Sie zuerst ausprobieren?«

»Das elektrische Kamel!«, antworteten wir im Chor.

»Aber natürlich.« Mr McCawley zwirbelte seinen Schnurrbart. »Das sagen sie alle.«

Das elektrische Kamel nahm den Ehrenplatz in der Mitte des Raums ein. Es bestand aus glatt poliertem Mahagoniholz mit einem Ledersattel und einem langen, anmutigen »Hals« aus gedrechseltem Holz. Es war auf einen gut geölten Metallsockel montiert, auf dem es langsam vor und zurück schaukelte, um die Bewegung eines Dromedars zu simulieren.

Wir ritten abwechselnd auf dem elektrischen Kamel und erhöhten jedes Mal die Geschwindigkeit. Bei der höchsten Geschwindigkeitsstufe schlingerte das Kamel wild vor und zurück und wir kugelten uns vor Lachen, während wir uns krampfhaft festhielten.

Es gab natürlich noch eine Menge anderer Geräte. Omar probierte die Rudermaschine und den Barren aus. Und während er auf dem Kamel saß, machte ich mich am Sandsack und der Sprossenwand zu schaffen.

Ich wollte gerade zum vierten Mal auf das Kamel steigen, als Beryl hereinkam. Sie erkannte uns sofort.

»Hallo«, sagte sie fröhlich. »Wie seid ihr zwei reingekommen?«

»Sprich leiser«, zischte ich.

»Habt ihr die Eintrittskarten benutzt, die ich fallen gelassen habe?«

»Vielleicht.«

Beryl hüpfte auf das Kamel, drehte die Geschwindigkeit herunter und fing an zu reiten. »Wie heißt ihr?«, wollte sie wissen.

»Ich bin Jimmy und das ist Omar.«

»Ist das euer erster Besuch auf den Oberdecks?«

»Ja«, antwortete ich. »Es ist großartig. Wie ist es so, die ganze Zeit in der ersten Klasse zu leben?«

»Unsere Suite ist traumhaft«, erwiderte Beryl, »und das Essen ist natürlich köstlich. Aber in der ersten Klasse gibt es nicht viele Kinder. Und ich vermisse meinen kleinen Wilbur Wigglebottom.«

»Wer ist das, dein Freund?« Ich lachte.

»Nein!« Sie funkelte mich böse an. »Mein Cocker Spaniel. Mama will ihn nicht in der Suite haben, deshalb ist er unten im Hundezwinger, das arme Ding.« Beryl kletterte vom elektrischen Kamel herunter und fing an, den Sandsack mit den Fäusten zu bearbeiten.

»Du schlägst ja ordentlich zu«, sagte ich. »Erinnere mich daran, nie eine Prügelei mit dir anzufangen.«

Sie schlug noch fester auf den Sack ein. »Ihr zwei solltet euch an die Regeln halten und in der dritten Klasse bleiben«, erklärte sie. »Es ist nicht fair, dass ihr überall in der ersten Klasse herumstreunen könnt, während ich nicht mal einen Fuß in die dritte Klasse gesetzt habe.«

»Was hindert dich daran?«, fragte Omar. »Du könntest zu einer unserer Mitternachtspartys kommen.«

Beryl starrte uns an. »Eure Eltern lassen euch auf *Mitternachtspartys* gehen?«

»Klar doch«, erwiderte Omar.

»Meine Mam lässt mich nicht hingehen«, sagte ich, »aber wenn sie schläft, lege ich einen ›falschen Jimmy‹ unter meine Bettdecke und schleiche mich raus. Vielleicht solltest du das auch mal versuchen.«

Beryl kicherte. »Ja, vielleicht.«

In dem Moment kam der Steward des Gymnastikraums mit einem Notizbuch zu uns herüber.

»Ich mache eine Anwesenheitskontrolle«, erklärte er. »Ich brauche Ihre Namen und Kabinennummern.«

»Beryl Balfour«, antwortete Beryl. »Kabine elf.«

»Mario Conti«, sagte Omar. »Kabine zwölf.«

»Timothy … ähm … Thymian«, stammelte ich. »Kabine dreizehn.«

»Kabine dreizehn?« Mr McCawley blickte abrupt auf. »Sind Sie sicher, Master Thymian?«

»Absolut«, gab ich zurück.

»Seltsam«, meinte Mr McCawley, »auf diesem Schiff gibt es keine Kabine dreizehn. Die Zahl Dreizehn bringt nämlich Unglück.«

»Oh«, sagte ich und geriet ins Schwitzen.

»Und dir bringt sie heute definitiv Unglück.« Der Steward des Gymnastikraums blickte böse drein und streckte die Hand aus, um mich am Kragen zu packen.

Ich wich ihm nach hinten aus.

»Jetzt geht das wieder los«, stöhnte Omar. »Noch mehr Gerenne.«

KAPITEL 9

Als ich an dem Abend ins Bett ging, taten mir die Beine weh. Wir waren am Morgen von einem Matrosen und am Nachmittag von einem Steward gejagt worden, aber irgendwie hatten wir es geschafft, beiden zu entkommen.

»Warum grinst du, Jimmy?«, fragte Ralph, der sich zur unteren Koje hinunterbeugte.

»Ach, nichts«, antwortete ich.

»Ich hab dich den ganzen Tag lang kaum gesehen. Wo bist du gewesen?«

»Oh, mal hier, mal da«, sagte ich.

Ich schloss die Augen und stellte mir die Haupttreppe mit ihrem schicken Teppich und ihrem glänzenden geschwungenen Geländer vor. Ich erinnerte mich an die Sonnenstrahlen, die durch die Glaskuppel eingefallen waren, und die Kronleuchter, die das Licht in Tausende winzige Regenbogen zerstreuten.

Sobald Mam und Ralph eingeschlafen waren, legte ich wieder ein paar Sachen unter meine Bettdecke, um sie zu täuschen, und schlich hinaus auf den Korridor. Omar wartete am Ende der Scotland Road auf mich.

»Guten Abend, Master Thymian«, sagte er zur Begrüßung. »Bereit für ein weiteres Abenteuer?«

»Klar doch«, antwortete ich. »Heute Abend spielt in der dritten Klasse eine amerikanische Band, irgendein neuer Musikstil namens ›Ragtime‹.«

»Ich habe eine bessere Idee«, meinte Omar. »Lass uns wieder nach oben in die erste Klasse gehen und schauen, was dort so los ist.«

»Wie denn? Wir tragen nicht mal Anzüge.«

»Wir können draußen auf der Glaskuppel über der Haupttreppe sitzen, Jimmy. Von dort oben können wir alle reichen und berühmten Leute beobachten. Wie Spione.«

»Ich weiß nicht so recht«, wandte ich ein. »Ich hab kein gutes Gefühl dabei.«

»Und wenn ich dir sage, dass ich einen geheimen Weg zum Bootsdeck entdeckt habe?«

»Echt? Wo denn?«

Omar grinste. »Also, Jimmy, sag mir, wie bewegt sich das Schiff im Wasser vorwärts?«

»Große Maschinen unten im Schiffsbauch, die von glühend heißen Heizöfen betrieben werden.«

»Und was braucht man, um diese Heizöfen zu befeuern?«

»Kohle.«

»Und was noch?«

»Luft?«

»Genau.« Omar grinste und machte ein Daumen-hoch-Zeichen.

Sobald mir klar wurde, was er vorhatte, schüttelte ich den Kopf. »Auf keinen Fall. Ich krieche nicht noch einen Luftschacht hoch, vor allem nicht, wenn der mit glühend heißer Luft gefüllt ist.«

Omar seufzte. »Ich rede nicht von dem Schacht, aus dem die heiße Luft rauskommt, Jimmy. Ich meine den Zufuhrschacht, der die kalte Luft reinbläst. Er verläuft durch alle acht Decks und drinnen sind Sprossen, die wir hochklettern können. Komm mit! Ich zeig's dir. Du weißt, du willst es.«

Er hatte recht. Ich wollte es. »Na schön, du Spinner«, sagte ich. »Ich komme mit.«

»Was ist ein Spinner?«, wollte Omar wissen.

»Jemand, der ständig verrückte Sachen anstellt.« Wir

machten uns auf den Weg nach unten zum F-Deck, marschierten dann durch die Waschküche und in den Trockenraum. Dort hingen überall Laken und Kissenbezüge aus den Erste-Klasse-Kabinen. Wir kletterten hinter die Heißwasserrohre, öffneten eine Luke aus Holz und krochen in den Zufuhrschacht.

KAPITEL 10

Im Schacht war es warm, aber nicht heiß. Das Schwirren der Ventilatoren und die Stimmen der Heizer weit unter uns hallten darin wider.

Langsam und vorsichtig kletterten wir die Metallsprossen hoch. Um uns herum war es stockduster und die Sprossen unter meinen Fingern fühlten sich glitschig an.

»Hey, Jimmy!«, rief Omar, der hinter mir nach oben kletterte. »Wärst du lieber ein Spinner oder ein Trottel?«

»Mir wär's lieber, wenn du die Klappe halten würdest, damit ich mich aufs Klettern konzentrieren kann.«

Schließlich kamen wir an der frischen Luft heraus. Wir fanden uns auf dem Dach des Bootsdecks neben dem zweiten Schlot wieder. Da oben war es kalt, die Art beißende Kälte, die einem in die Knochen kriecht und die Zähne zum Klappern bringt.

Omar hüpfte über eine niedrige Reling auf eine gläserne Kuppel. Ich folgte seinem Beispiel. Und dort, direkt unter uns, befand sich die Haupttreppe, die wir am Nachmittag gesehen hatten. Auf dem oberen Treppenabsatz stand eine Gruppe Herren in Smokings und Damen in eleganten Ballkleidern. Das Licht der Kronleuchter spiegelte sich in ihren Weingläsern und perlweißen Zähnen.

Sie verfolgten den Auftritt einer Sängerin in der Lounge unter ihnen. Sie trug ein langes weißes Kleid und eine Federboa und stolzierte zwischen den Stühlen umher, während sie ein albernes Lied über den Mond sang.

Ich bin so kindisch, wenn der Mond aufgeht;
Mir schwirrt der Kopf, bin völlig überdreht;
Hopse, springe, kann es einfach nicht lassen,
Halte niemals still, auch wenn ich es will.

Omar bewegte die Schultern im Takt der Musik. »Ich bin so kindisch, wenn der Mond aufgeht«, sang er mit schmalziger Stimme und ich prustete los vor Lachen.

Genau in dem Moment öffnete sich auf dem Bootsdeck eine Tür. Ich hielt Omar eine Hand vor den Mund, damit er aufhörte zu singen, als zwei Herren nach draußen ins

Freie traten. Sie rauchten Zigarren und unterhielten sich laut.

Ich erkannte den größeren der beiden Männer. Es war John Jacob Astor. Er hatte ein freundliches Gesicht und einen amerikanischen Akzent.

»Mr Futrelle, ich liebe Ihre Kriminalgeschichten«, sagte er. »*Das Rätsel von Zelle 13* war so spannend, dass ich sie gleich zweimal gelesen habe!«

Der andere Mann war klein und zog die Schultern hoch. »Das ist sehr freundlich von Ihnen, Mr Astor«, erwiderte er, während er seine beschlagene Brille putzte, dann musste er seine Zigarre erneut anzünden.

Ich war den beiden Männern so nahe, dass ich die Hand nach unten hätte ausstrecken und ihnen eins hätte überziehen können.

Natürlich machte ich das nicht, aber was ich stattdessen machte, war fast genauso schlimm. Ich hustete.

Es war nicht meine Schuld. Der Rauch ihrer Zigarren blieb mir im Hals stecken und zwang mich dazu.

Die Männer wirbelten herum und entdeckten uns auf der gläsernen Kuppel. Sie starrten uns erstaunt an.

»Sapperlot!«, schrie der berühmte Schriftsteller. »Was macht ihr denn da oben?«

Wir blieben nicht lange genug, um es ihm zu erklären. Stattdessen kletterten wir die gläserne Kuppel hoch, rutschten auf der Steuerbordseite wieder hinunter und sprinteten dann das Bootsdeck entlang auf die Kommandobrücke zu.

Ich wollte gerade die Leiter beim Bug ansteuern, als mich Omar plötzlich von hinten packte und hinter ein großes hölzernes Rettungsboot zerrte.

Gerade noch rechtzeitig. Die Tür der Kommandobrücke ging auf und ein Mann mit einem weißen Bart und zwei Medaillen an seiner Uniform trat nach draußen.

»Das ist Kapitän Smith«, flüsterte Omar. »Schnell, Jimmy. Versteck dich!«

Die Abdeckung des Rettungsboots war aus dickem weißem Segeltuch. Omar hob sie an und half mir hoch, damit ich mich ins Boot schlängeln konnte. Dann sprang er selbst hinein und zog das Segeltuch zu.

»Das war knapp«, flüsterte ich. »Was, glaubst du, würde der Kapitän mit uns machen, wenn er uns auf diesem Deck erwischt?«

»Wahrscheinlich würde er uns über die Planke laufen lassen«, meinte Omar.

Darüber musste ich glucksen. »Er ist Kapitän Smith, nicht Blaubart, der Pirat!«

Wir blieben lange im Rettungsboot in Deckung. Wenn wir gewollt hätten, hätten wir wahrscheinlich rausschlüpfen und uns davonmachen können, aber das Boot war ein klasse Versteck und außerdem war es der perfekte Ort, um die Offiziere auf der Kommandobrücke auszuspionieren.

Im Boot waren vier Bänke und man konnte sich noch am Rand rundherum hinsetzen. Omar fand eine elektrische Taschenlampe unter seiner Bank und hielt sie sich immer wieder eingeschaltet unters Kinn, um furchterregende Gespensterfratzen zu ziehen.

Während wir die Schiffsoffiziere ausspionierten, unterhielten wir uns im Flüsterton. Wir redeten über unsere Abenteuer an Bord der *Titanic* und verglichen, was wir uns für unser neues Leben in Amerika erträumten. Ich erzählte ihm, dass ich ein reicher Geschäftsmann wie Mr Astor werden wollte. Omar sagte, er wolle Abenteuergeschichten schreiben.

»Ich werde mit einer Geschichte über unsere Abenteuer auf diesem Schiff anfangen«, erklärte er. »*Omar Betros und das Schiff der Träume.*«

»Hey«, sagte ich. »Wieso komme ich nicht darin vor?«

»Du kommst im Nachfolgeband vor«, beruhigte Omar mich. »*Omar Betros und der kleine irische Betteljunge.*«

Ich lachte. »Ich hab auch einen Romantitel für dich. Omar Betros kriegt eins auf die Schnauze.«

Ich packte ihn am Kragen und wir fingen an, zum Scherz miteinander zu ringen, wurden aber plötzlich vom Läuten einer Glocke hoch über uns unterbrochen.

Omar hob das Segeltuch an und wir spähten hinauf zum Mast, zur Takelage und zu den Spitzen der riesigen Schiffsschlote.

»Schau«, sagte ich und zeigte nach oben. »Im Krähennest bewegt sich etwas!«

»Was ist das Krähennest?«, wollte Omar wissen.

»Das ist die Plattform auf halber Höhe des Masts. Da oben befindet sich ein Ausguck. Er ist derjenige, der die Glocke läutet.«

Während die Glocke weiter läutete, fing der Ausguck an aus vollem Hals zu brüllen.

»Eisberg!«, schrie er. »Eisberg voraus!«

KAPITEL 11

Ein Offizier auf der Kommandobrücke nahm einen Telefonhörer ab und lauschte jemandem am anderen Ende. Ihm fiel die Kinnlade herunter. Dann knallte er den Hörer auf die Gabel und schrie: »Volle Kraft zurück!« Seine Stimme war so laut, dass wir ihn sogar durch das dicke Glasfenster der Kommandobrücke hören konnten.

»Er wirkt ganz aufgebracht«, sagte Omar. »Was bedeutet volle Kraft zurück?«

»Es bedeutet, dass sie die Maschinen stoppen, damit sie rückwärts fahren können«, erklärte ich ihm. »Er versucht die Geschwindigkeit des Schiffs zu drosseln.«

Der Offizier brüllte noch einmal. »Hart steuerbord!«

»Sein Befehl lautet, das Ruder nach rechts zu drehen«, sagte ich. »Wenn sie das Ruder schnell und ganz nach Steuerbord drehen, prallen wir vielleicht nicht mit dem Eisberg zusammen.«

Ich machte das Segeltuch vom Rettungsboot los und warf es beiseite. Zuerst sah ich vor dem Schiff nur Nebelschwaden, aber dann erblickte ich etwas, das zunächst wie ein großes graues Gebäude aussah, einen Berg aus Eis so hoch wie die Reling des Schiffs. Und wir steuerten direkt darauf zu.

»Das Schiff dreht sich nicht!«, schrie Omar. »Warum dreht es sich nicht, Jimmy?«

»Das ist kein Kanu, Omar. Das ist die Titanic. Es dauert eine Weile, bis sie reagiert.«

Wir standen auf und beobachteten das Ganze entsetzt. Der Schiffsbug schwang langsam nach links und fing an, sich am Rand des Eisbergs vorbeizuschieben, doch es war zu knapp. Der Eisberg prallte in der Nähe der Kommandobrücke auf der Steuerbordseite gegen die Reling und riss mich und Omar von den Füßen. Wir hörten ein schreckliches, splitterndes Geräusch, das sich den ganzen Schiffskörper entlangzog. Eisbrocken regneten herab und landeten klirrend auf den Decks und das Schiff trieb weiter ins offene Meer ab.

»Puh, das war knapp«, sagte ich. »Ich dachte, wir wären geliefert.«

»Was bedeutet geliefert?«

»Tot«, antwortete ich. »Aber es ist alles in Ordnung, wir sind jetzt am Eisberg vorbei. Er hat nur ein wenig Farbe von der Reling abgekratzt.«

Wir standen auf. Weit unter uns kamen unsere Freunde aus der dritten Klasse raus aufs Welldeck, um herauszufinden, was vor sich ging. Als sie überall Eis herumliegen sahen, lachten sie und klatschten in die Hände.

»Ich dachte, man kriegt nur in der ersten Klasse Eis in seine Drinks!«, schrie jemand.

»Eisschlacht!«, rief ein anderer und bewarf einen Freund mit einem Stück Eis.

Forsche Schritte kamen entlang des Bootsdecks auf uns zu. Es war zu spät, um das Segeltuch wieder über uns zu ziehen, daher duckten wir uns und zogen schnell die Köpfe ein, als Kapitän Smith vorbeischritt.

»Womit sind wir kollidiert, Officer Murdoch?«, wollte der Kapitän wissen, während er die Tür zur Kommandobrücke aufriss.

»Mit einem Eisberg«, antwortete Officer Murdoch. »Ich habe volle Kraft zurück angeordnet, aber wir waren schon zu nah dran.«

Kapitän Smith ging hinein und machte die Tür zu. Ich konnte durchs Fenster sehen, wie er seinen Männern

Befehle zubrüllte. Ein paar eilten davon, um den Schaden am Schiff zu inspizieren, andere blieben auf der Brücke und legten eiligst Schalter um und betätigten Hebel.

»Sie wirken alle richtig besorgt«, meinte Omar. »Wenn du mich fragst, hat dieser Eisberg mehr als nur ein wenig Farbe abgekratzt, Jimmy.«

Minuten vergingen. Wir blieben im Rettungsboot und strengten uns an, die Befehle des Kapitäns auf der Kommandobrücke auszumachen. Aber es war zwecklos. Das Glas war zu dick.

Schließlich tauchte ein Mann mit Hut auf dem Deck auf und winkte Kapitän Smith zu. Der Kapitän kam raus und sie unterhielten sich leise. Sie standen nur ein paar Meter von unserem Versteck entfernt.

»Sie haben das Schiff gebaut«, sagte der Kapitän. »Sie kennen es besser als sonst irgendjemand. Sagen Sie es mir ohne Umschweife, Mr Andrews. Wie schwerwiegend ist der Schaden?«

KAPITEL 12

»Äußerst schwerwiegend«, sagte Mr Andrews. »Der Eisberg hat ein Loch in die Steuerbordseite des Schiffs gerissen. Wasser strömt herein. Die vorderen fünf Abteilungen stehen bereits unter Wasser.«

»Wir haben alle wasserdichten Schotten geschlossen«, erklärte der Kapitän. »Glauben Sie, das Schiff kann sich über Wasser halten?«

Mr Andrews schwieg lange, bevor er antwortete. »Nein«, sagte er schließlich. »Die Titanic wird in zwei Stunden am Meeresgrund liegen.«

Als wir das hörten, schnappten Omar und ich laut nach Luft.

Kapitän Smith und Mr Andrews hörten das Geräusch. Sie lugten über den Rand des Rettungsboots und sahen uns dort kauern.

»Ich weiß nicht, was ihr zwei in diesem Boot zu suchen

habt«, sagte der Kapitän, »aber wenn ihr überleben wollt, rührt ihr euch besser nicht vom Fleck.« Er wandte sich an den Schiffskonstrukteur. »Mr Andrews, wir müssen die Besatzung anweisen, die Rettungsboote klarzumachen!«

Mr Andrews wurde leichenblass. »Kapitän, die Titanic hat zwanzig Rettungsboote. Das reicht gerade mal für die Hälfte der Passagiere.«

»Ich weiß«, antwortete Kapitän Smith grimmig.

Als Kapitän Smith zur Brücke zurückkehrte und das Kommando übernahm, drehte sich Omar zu mir um, seine Augen groß wie Untertassen.

»Habe ich das richtig verstanden, Jimmy? Hat er gerade gesagt, dass die Titanic untergehen wird? Und dass es nur Rettungsboote für die Hälfte von uns gibt?«

Ich konnte nicht sprechen. Ich wollte meinen Ohren nicht trauen. Dieses Schiff war ein schwimmender Palast. Es wirkte so sicher und solide. Könnte es wirklich am Meeresgrund enden?

»Wir müssen hier raus«, sagte Omar. »Wir müssen unsere Familien warnen.«

Wir kletterten aus dem Rettungsboot, stürmten durch

die nächste Tür und rannten die Haupttreppe drei Stufen auf einmal nehmend hinunter. Es hatte keinen Sinn mehr, sich zu verstecken. Erste Klasse, dritte Klasse, das alles spielte keine Rolle mehr. Für uns war nur noch wichtig, zu unseren Familien zu gelangen.

Eine Gruppe Damen und Herren kam die Treppe hoch auf uns zu. Sie sprangen zur Seite, als wir an ihnen vorbeistürmten, und einer der Männer streckte die Hand aus und packte mich.

Es war der amerikanische Millionär, Mr Astor.

»Immer langsam, junger Mann«, sagte er. »Wo brennt's?«

»Sir, das Schiff sinkt«, antwortete ich atemlos. »Sie machen die Rettungsboote klar. Sie müssen sofort hoch zum Bootsdeck, Sir.«

Die Leute um Mr Astor herum lachten und schüttelten die Köpfe, doch er selbst stimmte nicht in das Lachen mit ein. »Danke«, sagte er ernst und ließ meinen Arm los.

Wir rannten durch den Speisesaal und die Anrichtekammer der ersten Klasse und dann die Treppe der Stewards hinunter zur Scotland Road.

»Wir sollten uns trennen«, erklärte ich. »Du gehst zum vorderen Teil des Schiffs und warnst deine Familie. Ich gehe zum hinteren und warne meine. Sage allen, denen du über den Weg läufst, dass sie eine Schwimmweste finden und schnellstens hoch zum Deck kommen sollen.«

Omar nickte und rannte los, den Korridor hinunter.

Ich eilte auf den hinteren Teil des Schiffs zu, aber die Scotland Road war mit einer Metalltür abgeriegelt, die vorher noch nicht da gewesen war. Daran war weder ein Schloss noch eine Klinke, nichts. Ich schlug mit der Faust darauf ein, doch sie gab nicht nach.

Ein Steward trat in den Korridor und sah, wie ich gegen die Absperrung hämmerte. »Du kannst es nicht bewegen«, erklärte er. »Das ist ein wasserdichtes Schott. Mach dir keine Sorgen, Junge. Ich bin sicher, dass sie es bald wieder öffnen.«

»Nein, werden sie nicht«, gab ich zurück. »Das Schiff geht unter. Wir müssen einen Weg durch diese Tür finden und alle aufwecken.«

Der Steward glaubte mir nicht. Entweder das oder er war zu schockiert, um zu antworten. Er stand einfach nur da, kratzte sich am Kopf und starrte das wasserdichte Schott an.

»Was ist mit dem D-Deck?«, fragte ich ihn. »Gibt es dort auch wasserdichte Schotten?«

Er schüttelte den Kopf. »Nur auf diesem Deck und darunter.«

Ich lief zurück zum Treppenaufgang der Stewards, bog links ab und rannte durch die Anrichtekammer und die Kombüse der ersten Klasse sowie den Speisesaal der zweiten Klasse. Hier war niemand. Die Passagiere der zweiten Klasse waren bereits zu Bett gegangen.

An der Wand des Speisesaals war eine große Messingglocke befestigt. Mit dieser Glocke läutete der Oberkellner die Passagiere zu Tisch, wenn das Essen angerichtet war.

Eine Glocke war genau, was ich brauchte, um auf dem Weg zu meiner Familie Alarm in der dritten Klasse zu schlagen. Ich klappte mein Taschenmesser auf und löste damit die Schrauben, mit denen die Halterung der Glocke festgemacht war. Sobald die Schrauben locker waren, riss ich das ganze Ding von der Wand.

»Hey, du!« Ein Kellner eilte mit finsterem Blick auf mich zu. »Diese Glocke ist Teil der Ausstattung. Du solltest sie nicht –«

»Das Schiff sinkt«, stammelte ich. »Fragen Sie die Offiziere. Sie müssen alle so schnell wie möglich hoch aufs Bootsdeck bringen.« Mein Gesichtsausdruck überzeugte den Kellner wohl davon, dass ich die Wahrheit sagte.

»Wohnst du in der dritten Klasse?«, fragte er.

»Ja.«

»Gut, geh du dort runter. Ich gehe in die zweite Klasse.«

Wir rannten am Metzgerladen vorbei und den Korridor der zweiten Klasse hinunter. Der Kellner begann, an Kabinentüren zu klopfen, und ich rannte den ganzen Weg bis zum Treppenaufgang weiter.

Ich nahm drei Stufen auf einmal bis in den Schiffsbauch hinunter und läutete wie wild die Glocke. Als ich das G-Deck erreichte, blieb ich abrupt stehen. Der Korridor vor mir stand fast drei Zentimeter unter trübem Wasser. Es plätscherte sanft von einer Seite des Gangs zur anderen.

»Alarm!«, brüllte ich. »Alle Mann hoch aufs Deck! Bringt eure Schwimmwesten mit!«

Ich atmete tief ein und trat hinunter in den überschwemmten Korridor. Eiskaltes Wasser sickerte durch die Nähte meiner alten Schuhe und umhüllte meine Zehen. Vor Schreck schnappte ich nach Luft.

Ich läutete weiter die Glocke und eilte, so schnell ich konnte, platschend den Gang entlang. Schläfrige Passagiere, die mein Geschrei geweckt hatte, schlurften aus ihren Kabinen. Sie rieben sich die Augen und starrten ungläubig auf das eiskalte Wasser, das um ihre Füße schwappte.

»Geht hoch aufs Deck!«, drängte ich sie. »Das Schiff geht unter.«

Als ich unsere Kabine erreichte, riss ich die Tür auf und ein Schwall Wasser strömte über meine Füße.

»Mam! Ralph! Wacht auf!«, brüllte ich und schaltete das Licht ein.

KAPITEL 13

Mam und Ralph schlugen die Augen auf. Sie blinzelten und verzogen das Gesicht und Mam sah aus, als wollte sie losschimpfen.

Aber dann sah sie das Wasser auf dem Boden der Kabine.

»Ralph, steh auf!«, schrie sie. »Jimmy, was ist los? Woher kommt das ganze Wasser?«

»Wir sind auf einen Eisberg aufgelaufen«, erklärte ich und holte die Schwimmwesten unter unseren Betten hervor. »Die Titanic geht unter.«

Selbst in meinen Ohren klang das unfassbar. Ich hätte ihnen genauso gut erzählen können, dass Außerirdische auf dem Bootsdeck gelandet waren oder dass ein Wal unser Schiff verschluckt hatte. Die *Titanic* geht unter. Das waren mit Sicherheit die vier unwahrscheinlichsten Worte, die ich je von mir gegeben hatte.

Aber wir hatten den Beweis direkt hier vor unseren

Augen. Das Wasser war jetzt knöcheltief und meine Zehen fingen an, taub zu werden.

»Zieht euch an«, drängte ich beide. »Draußen ist es bitterkalt.«

Sie warfen sich die nächstbesten Kleider über und wir halfen uns gegenseitig die Schwimmwesten anzuziehen. Keuchend und zitternd folgten wir allen anderen die Treppe der dritten Klasse hoch und hinaus aufs trockene Welldeck. Dort standen eine Menge Passagiere herum. Manche trugen Nachthemden, andere waren angezogen. Viele schleppten Taschen und Koffer mit sich. Bisher war noch keine Panik ausgebrochen, alle standen unter Schock und konnten es einfach nicht fassen.

Das hier war ein Dritte-Klasse-Bereich, genau wie das Welldeck beim Bug. Eine hüfthohe Pforte quer über den Stufen versperrte uns den Weg zu den Decks der zweiten und ersten Klasse.

»Bewahren Sie Ruhe«, sagte ein Steward auf der Treppe. »Bitte begeben Sie sich zum Bootsdeck und besteigen Sie die Rettungsboote, sobald ich diese Pforte öffne.«

Von hier unten auf dem Welldeck erschien das Bootsdeck weit entfernt. Als ich hinaufblickte, konnte ich bereits ein Rettungsboot sehen, das an dicken Tauen runter aufs Meer gelassen wurde. Es war offenbar nur halb voll mit Passagieren.

Wir stampften mit den Füßen auf und bliesen warme Luft auf unsere Hände. »Wie lange werden sie uns hier unten warten lassen?«, murmelte Ralph.

Eine Leuchtrakete zischte über der Kommandobrücke in den Himmel, explodierte und ließ weiße Sterne herunterregnen. Ein kleiner Junge neben mir fing an zu weinen.

Ich dachte an Pa, der Hunderte von Kilometern entfernt in Detroit auf uns wartete. Er hatte keine Ahnung, in welchen Schwierigkeiten wir steckten.

»Worauf warten Sie?«, fragte Mam den Steward auf der Treppe. »Hier unten sind Frauen und Kinder!«

»Frauen und Kinder haben Vortritt, Madam!«, erwiderte er. »Sobald ich den Befehl erhalte.«

Niemand protestierte. Die Hälfte der Passagiere in der dritten Klasse sprach kein Englisch und hatte keine Ahnung, was vor sich ging. Diejenigen, die Englisch sprachen, waren es gewohnt zu tun, was man ihnen sagte.

Wir warteten eine gefühlte Ewigkeit auf dem Welldeck. Der Dampf, der aus den Schloten über uns kam, hörte sich an wie ein lang gezogener Schrei.

Drei weitere Rettungsboote wurden hinunter aufs Wasser gelassen. Wie schon das erste waren auch diese Boote nur halb voll.

Wir beobachteten, wie die Rettungsboote in die Dunkelheit davonruderten. »Mam«, sagte ich, »es bringt nichts, hier zu warten. Wir müssen jetzt sofort hoch aufs Bootsdeck.«

»Das ist der Weg zum Bootsdeck«, blaffte mich Mam an. »Wir gehen dort rauf, sobald dieser Schwachkopf uns vorbeilässt.«

Bei dem Wort »Schwachkopf« hob sie die Stimme und warf dem Steward, der uns den Weg versperrte, einen bitterbösen Blick zu.

»Mam«, flüsterte ich. »Ich kenne einen anderen Weg.«

Mam sah mich an. »Das ist ja alles schön und gut, Jimmy, aber dieses Schiff ist wie ein Labyrinth. Es ist sicherer, wenn wir hier warten.«

Ralph legte ihr eine Hand auf den Arm. »Du musst ihm vertrauen, Mam. Ich wollte es dir nicht sagen, aber unser Jimmy ist jede Nacht aus dem Bett geschlichen und hat das Schiff erkundet. Er kennt diese Decks wie seine Westentasche. Er wird uns sicher zum Deck mit den Rettungsbooten bringen, versprochen.«

Mam sah von mir zu Ralph und wieder zu mir. »Na schön, Jimmy. Geh voran! Aber nur wir drei. Ich möchte nicht dafür verantwortlich sein, dass sich irgendjemand verirrt.«

Wir bahnten uns einen Weg durch die Menge und zurück ins Schiff. Ich führte Mam und Ralph die Eingangstreppe der dritten Klasse hinauf, durch eine nicht gekennzeichnete Tür und mehrere Zweite-Klasse-Korridore entlang.

»Jimmy, bist du dir sicher?«, fragte Mam.

»Er ist sich sicher«, antwortete Ralph.

Wir durchquerten den Speisesaal der zweiten Klasse und gingen durch die Kombüse, die Anrichtekammer und den Speisesaal der ersten Klasse.

Als wir die Lounge der ersten Klasse und die Haupttreppe erreichten, blickten Mam und Ralph um sich, voller Bewunderung für die luxuriöse Ausstattung. Aber auch voller Entsetzen bei dem Gedanken, dass alle diese feinen Dinge bald auf dem Meeresgrund liegen würden.

Schließlich kamen wir auf dem Bootsdeck raus. Die Schiffsmusiker standen dicht zusammen und spielten fröhliche Melodien auf ihren Celli und Geigen und versuchten alle zu beruhigen.

»Gut gemacht, Jimmy!«, sagte Mam und wuschelte mir durchs Haar. »Heute Abend hast du uns sehr stolz gemacht.«

Die auf dem Deck umherlaufenden Menschen waren hauptsächlich Passagiere der ersten und zweiten Klasse. Wir schlossen uns einer großen Gruppe von Frauen und Kindern an, die darauf warteten, in die Rettungsboote gelassen zu werden. Ein paar Männer wollten mit ihren Frauen in die Rettungsboote steigen, doch die Offiziere hinderten sie daran. »Nur Frauen und Kinder«, wiederholten sie immer wieder.

Ich sah Mr Astor neben einem der Rettungsboote stehen. Er umarmte eine junge Frau und verabschiedete sich von ihr.

»Aber, John, wir sind gerade mal acht Monate verheiratet«, schluchzte sie. »Was wird mit dir geschehen?«

Der Millionär küsste seine Frau auf die Stirn und half ihr ins Rettungsboot. »Mach dir um mich keine Sorgen, meine Liebe. Ich werde ein anderes Boot nehmen.«

In diesem Moment tippte mir jemand auf die Schulter.

»Omar!«, schrie ich. »Du hast es geschafft!«

KAPITEL 14

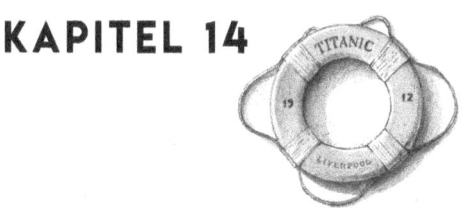

»Komm mit mir, schnell«, sagte Omar. »Nimm deine Familie mit.«

Wir folgten Omar durch zwei Wassertanks hindurch und kamen auf der Steuerbordseite des Schiffs heraus. Dort befanden sich weniger Leute und die Chancen, ein Rettungsboot zu finden, waren besser.

Eine dunkelhaarige Frau packte Omar am Arm und redete verärgert in einer Sprache auf ihn ein, die ich nicht verstand. Sie hatte drei andere Kinder um sich herum und schleppte einen großen Koffer. Das musste Omars Mutter sein.

»Wo ist dein Pa?«, fragte ich Omar.

»Er ist auf dem G-Deck geblieben«, antwortete er. »Die meisten Libanesen sprechen kein Englisch, nur Arabisch. Mein Vater hilft den Stewards, sie zu den Ausgängen zu bringen.«

»Er ist ein Held«, sagte ich.

Omar nickte und biss sich auf die Lippe. Er sah aus, als würde er gleich anfangen zu weinen.

»Mach dir keine Sorgen«, versuchte ich ihn zu trösten. »Dein Pa wird es bestimmt sicher rausschaffen.«

Ein Offizier half uns in ein Rettungsboot, erst Omars Familie und dann uns. Eine dicke Frau in einem Pelzmantel war als Nächste dran. Ein Mann mit einer Melone auf dem Kopf versuchte sie ins Rettungsboot zu lotsen, aber sie weigerte sich zu gehen.

»Ich gehe nicht ohne meine Tochter!«, wiederholte sie immer wieder.

Ihre Stimme kam mir irgendwie bekannt vor, aber ich konnte mich nicht erinnern, wo ich sie schon einmal gehört hatte.

»Ich werde weiter nach ihr suchen«, versicherte ihr der Mann mit der Melone. »Sie muss aufgewacht sein und einen Spaziergang an Deck gemacht haben.«

»Wenn du hierbleibst, um nach ihr zu suchen, bleibe ich auch«, beharrte die Frau.

Der Offizier, der für das Beladen des Boots zuständig war, trat einen Schritt vor und nahm sie sanft bei der Hand. »Bitte, Madam«, sagte er. »Ihre Tochter ist mit allergrößter

Wahrscheinlichkeit schon mit einem der früheren Boote gegangen. Kinder haben absolute Priorität, verstehen Sie. Auf Befehl des Kapitäns.«

Die Frau ließ sich ins Rettungsboot verfrachten. Sie setzte sich schwerfällig hin, legte den Kopf in die Hände und fing an zu weinen.

Noch bevor unser Boot voll war, hakten Matrosen an jedem Ende ein Tau ein und ließen es an der Seite des Schiffs aufs Wasser hinunter. Ich zählte die Decks, als wir nach unten stiegen. A-Deck ... B-Deck ... C-Deck ...

Die Frau im Pelzmantel nahm die Hände vom Gesicht und streckte sie zum sinkenden Schiff.

»Mein geliebtes Mädchen!«, klagte sie. »Wo bist du?«

Und da erkannte ich sie schließlich.

Es war Beryls Mutter.

Ich erinnerte mich daran, wie Beryl auf den Sandsack eingeschlagen hatte. In Gedanken ging ich unsere Unterhaltung noch einmal durch.

Wenn meine Mam schläft, lege ich einen ›falschen Jimmy‹ in mein Bett und schleiche raus. Vielleicht solltest du das auch mal versuchen.

Ja, vielleicht sollte ich das.

Da wusste ich sofort, wo Beryl war. Sie war losgezogen,

um die Party der dritten Klasse im Aufenthaltsraum zu besuchen. Und es war *meine Schuld*.

Ich beugte mich aus dem Rettungsboot hinaus, um zum Bug zu schauen, wo der Aufenthaltsraum der dritten Klasse war. Das Wasser schwappte bereits über das Vorderdeck und hinunter in das vordere Welldeck, das direkt über dem Aufenthaltsraum lag. Ich blickte zurück zu Beryls Mutter. Ihr Gesicht war tränenüberströmt.

Das musste ich wiedergutmachen. Ich stand auf, kletterte über Mam und Ralph und bahnte mir einen Weg zum hinteren Ende des Rettungsboots.

»Jimmy!«, schrie Mam. »Wo willst du hin?«

»Mach dir keine Sorgen«, sagte ich. »Ich nehme ein anderes Rettungsboot, versprochen.«

Ich beugte die Knie und sprang auf eine der Seilwinden.

»Halt!«, schrie jemand über uns.

»Er hat den Verstand verloren«, brüllte eine andere Stimme.

Vielleicht hatten sie recht. Vielleicht hatte ich den Verstand verloren. Aber ich wusste einfach, dass ich Beryl finden musste.

Ich umklammerte das Tau fest mit den Knien und fing an zu klettern, Hand über Hand. D-Deck, C-Deck, B-Deck …

»Jimmy!«, schrie Ralph unter mir.

»Du Spinner!«, brüllte Omar. »Du Trottel! Komm zurück.«

Das B-Deck hatte Gehwege, die den Passagieren der ersten Klasse vorbehalten waren. Mein Tau hing eine Armeslänge von der Reling des Gehwegs entfernt. Sobald ich auf gleicher Höhe war, packte ich die Reling, zog mich darüber hinweg und schlüpfte durch die nächstgelegene Tür, zurück in das sinkende Schiff.

KAPITEL 15

Auf einmal befand ich mich in einem Wohnzimmer mit bequemen Ledersesseln und einem Kamin. Allerdings stimmte etwas mit dem Boden nicht. Er schien in Richtung des Bugs abzufallen.

Während ich dastand, schlitterte ein Schreibtisch durch den Raum und krachte in den Kamin. Es bestand überhaupt kein Zweifel mehr. Dieses Schiff ging gerade unter.

Mr Andrews hatte vorausgesagt, dass die *Titanic* in zwei Stunden am Meeresgrund liegen würde. Und das war vor mindestens einer Stunde gewesen. Ich wankte in den Korridor, sah mich um und versuchte auszumachen, wo ich war. Durch eine Glasscheibe auf meiner Rechten erblickte ich eine elegante Uhr mit Holzschnitzereien. Ich war nicht weit von der Haupttreppe.

»Beryl!«, schrie ich immer wieder, aber niemand antwortete. Nur das ohrenbetäubende Zischen des Dampfes, der aus den Schloten irgendwo über mir entwich, war zu hören.

Eine Gruppe Männer rannte von unten die Treppe hinauf, ihre Gesichter rußgeschwärzt. Vermutlich waren es Heizer, die dem überschwemmten D-Deck entkamen.

»Hey, du!«, brüllte einer der Männer. »Komm mit, schnell! Das Schiff geht unter!«

»Ich suche nach einem Mädchen!«, erwiderte ich. »Rotes Haar, rote Schuhe, blauer Dufflecoat. Ist sie hier unten?«

»Hat sie tote Augen und eine Lunge voller Wasser?«, gab der Heizer zurück. »Denn das sind die einzigen Menschen, die noch da unten sind. Kümmere dich um dich selbst, Junge, und verschwinde von hier, solange du noch kannst.«

Ich rannte in den Aufzug der ersten Klasse und schloss die Metalltüren.

»Hast du mich nicht gehört?«, schrie der Heizer. »Da unten steht alles unter Wasser.«

Aber es war zu spät. Ich hatte den Knopf gedrückt, auf dem »E« stand. Der Aufzug bewegte sich nach unten und das Herz schlug mir bis zum Hals.

Als er das E-Deck erreichte, kam Meerwasser hereingeströmt. Ich hatte damit gerechnet, dass ein wenig unter der Tür oder durch das Gitterrost im Aufzugboden durchsickern würde, aber nein, es rauschte geradezu in einem großen Schwall hinein und riss mich von den Füßen. Das Wasser war eiskalt – noch kälter als der Fluss zu Hause in Kilkenny. Ich schnappte nach Luft, stürzte mich auf die Schalttafel und streckte die Hand nach dem Knopf aus, auf dem »D« stand.

Doch das Wasser war schneller als ich. Es knisterte und eine winzige Rauchfahne stieg auf, und ehe ich mich's versah, stand die Schalttafel völlig unter Wasser. Ich tastete herum, drückte alle Knöpfe, die ich finden konnte, aber nichts passierte.

Das Wasser stieg immer weiter. Ich konnte gerade noch so den Boden mit den Zehen berühren. Ich hatte keine Zeit zu verlieren.

Ich packte die Metalltür, riss sie auf und schwamm hinaus in den Scotland-Road-Korridor. Mein Brustkorb zog sich zusammen. Mein Hals versteifte sich. Mein Atem kam in großen, zuckenden Japsern heraus.

Kalt. Kalt. Kalt. Das war alles, was ich zunächst denken konnte.

Und dann ein anderer Gedanke: *Ich muss aus dem Wasser raus.*

Scotland Road war ein langer Korridor und der Aufenthaltsraum der dritten Klasse befand sich ganz am Ende, auf der Seite des Bugs. Meine Körpertemperatur war bereits gefährlich niedrig. Bis zur völligen Unterkühlung konnte es nicht mehr lange dauern.

Mein Pa und ich waren früher immer zusammen im Fluss von Kilkenny schwimmen gegangen und er hatte mich vor den Gefahren von Unterkühlung gewarnt. Wenn man in eiskaltem Wasser schwimmt, wird das Blut zu den lebenswichtigen Organen abgeleitet. Die Muskeln werden langsamer, die Arme und Beine werden schwach und am Ende hört man ganz auf, sich zu bewegen.

Achte auf die Kälte, Jimmy, hatte Pa immer gesagt. *Sie kriecht in dich hinein und erfüllt dich ganz.*

Ich hielt mich an einer Wandleuchte fest und hievte mich aus dem Wasser. Eine Weile hing ich triefend nass daran und versuchte gegen die aufsteigende Panik in meinem Kopf anzukämpfen.

Meine Haut schmerzte und brannte. Mein Hals fühlte sich an, als stecke er in einer Halskrause aus Eis fest. Die Hände vor meinem Gesicht waren von einem leuchtenden Violett.

Aber das war nicht das Schlimmste. Mir wurde mit Entsetzen klar, dass ich nicht allein in dem Korridor war. Andere hatte ihren eigenen Kampf gegen die Unterkühlung gefochten und verloren. Ich konnte sie aus den Augenwinkeln sehen, dunkle Gestalten, die auf der Wasseroberfläche trieben. *Schau dir nicht ihre Gesichter an*, sagte ich mir.

Deshalb blickte ich stattdessen nach oben. Und in dem Moment sah ich die Rohre.

Entlang der Decke verliefen ein Wirrwarr aus elektrischen Kabeln und vier dicke Wasserrohre.

Ich griff nach oben und legte die rechte Hand auf ein Rohr. Ganz allmählich wich die Taubheit in meiner Hand einer sanften Wärme. Ich hob beide Arme und umklammerte das Rohr, drückte mich von der Wand ab und wickelte auch die Beine herum.

Mit dem Kopf nach unten hing ich da und ließ die Wärme des Rohrs meinen Körper durchdringen. Dann fing ich an, mich daran entlangzuhangeln, und bewegte mich Zentimeter für Zentimeter auf den Schiffsbug zu.

Sobald das Blut in meine Muskeln zurückkehrte, konnte ich mich schneller bewegen. Ich stellte mir vor, ich wäre ein Eichhörnchen, das verkehrt herum an einem Ast auf einen Eichelvorrat zu klettert. Oder ein Spion auf geheimer Mission, der unbemerkt die Höhle des Bösewichts infiltriert. Ich wollte nur nicht an die schreckliche Wahrheit denken müssen und die grauenhaften Dinge, die unter mir trieben. *Ist nicht mehr weit,* redete ich mir gut zu.

Je näher ich dem Schiffsbug kam, desto höher stieg das Wasser. Ich hörte, wie es unter mir gegen die Wände des Korridors klatschte, und plötzlich spürte ich seine eiskalte Berührung an meinem Rücken. *Komm rein,* schien es zu sagen. *Es ist ein wundervolles Gefühl.*

Ich reckte den Hals und sah mich um. Die Decke der Scotland Road – und mit ihr mein Rohr – fiel vor mir ins Wasser ab und verschwand. Das Schiff versank wohl mit dem Bug voran. Mein Weg war komplett versperrt.

»Beryl«, brüllte ich. »Kannst du mich hören, Beryl?«

Keine Antwort. Nur das andauernde Kreischen des Dampfes, der aus den Schloten über mir kam.

Ich konnte nicht mehr weit vom Aufenthaltsraum der dritten Klasse sein. Zehn, höchstens fünfzehn Meter. Und selbst wenn Beryl nicht dort war, war der Aufenthaltsraum meine beste Fluchtmöglichkeit.

Ich löste die Schnallen meiner Schwimmweste, lockerte meinen Griff um das Wasserrohr und ließ mich in die eiskalte See fallen. *Kalt,* schrie mein Gehirn. *Kalt, kalt, kalt, kalt, kalt, kalt.* Ich erlaubte mir drei zittrige Atemzüge, zog die Schwimmweste aus, schloss die Augen und tauchte ins Wasser ab.

Zehn Meter, sagte ich mir in Gedanken, während ich mich mit Delfinbeinschlägen den Korridor entlang bewegte. *Höchstens fünfzehn.*

Ich öffnete einen Moment lang die Augen und schloss sie wieder vor Schmerz, denn meine Augäpfel brannten von dem eiskalten Wasser. Aber in diesem kurzen Moment hatte ich alles gesehen, was ich brauchte. Ein Geländer, eine Brüstung, eine Treppe, die nach oben führte.

Ich war im Aufenthaltsraum der dritten Klasse angekommen.

KAPITEL 16

Halb schwimmend, halb rennend bewegte ich mich die Stufen des Aufenthaltsraums hoch, brach dann durch die Wasseroberfläche und machte einen verzweifelten, keuchenden Atemzug. Ich hatte Krämpfe in den Beinen und meine Finger krümmten sich wie Klauen. Aber ich war am Leben.

Im Aufenthaltsraum der dritten Klasse herrschte das reinste Chaos. Die Tische und Stühle waren alle ans Bugende des Raums geschlittert. Wasser strömte durch offene Bullaugen und die Welldecktüren. Ein verlassenes Akkordeon trieb an mir vorbei.

»Beryl!«, schrie ich.

Sie war nicht hier. Soweit ich wusste, konnte sie bereits einen Weg zu einem Rettungsboot gefunden haben.

Ich watete zu den Welldecktüren und zog mich am Geländer hoch, während ich gegen die Strömung ankämpfte, die mich nach unten ziehen wollte. Oben auf dem Welldeck schwappte und wirbelte das Wasser. Ich klammerte mich am Sockel eines Ladekrans fest, schob mich langsam hoch auf den Kran und zog mich aus dem eiskalten Wasser. Ich dachte nicht mehr an Beryl. Ich versuchte nur noch zu überleben.

Doch ich war nicht der Einzige, der sich an dem Ladekran festklammerte. Über mir war ein Mann. Ich erkannte ihn: Er war einer der irischen Passagiere aus der dritten Klasse, ein fröhlicher Kerl aus Limerick.

In diesem Moment wirkte er nicht mehr so fröhlich. Er hing mit laut klappernden Zähnen da und bewegte sich weder rauf noch runter.

»Hey, Mister!«, rief ich. »Wenn wir bis zur Spitze des Krans klettern, können wir die Oberdecks und die Rettungsboote erreichen!«

Er antwortete nicht. Er starrte mich einfach nur an, die Augen weit aufgerissen vor Angst.

Ich packte seinen linken Stiefel und rüttelte leicht daran. »Geben Sie nicht auf, Mister. Es wird alles gut, hören Sie?«

Der Mann atmete tief durch, fing an zu klettern und zog sich langsam den Kran hinauf in Richtung Erste-Klasse-Deck.

Ich kraxelte ihm hinterher, tätschelte ab und zu seinen Fuß und hörte nicht auf zu reden.

»Waren Sie auf der Party, Mister? Haben sie die Yankees gehört? Man hat mir gesagt, sie hätten heute Abend Ragtime gespielt.«

Der Mann lächelte schwach. »Ich hab in meinem ganzen Leben noch nie so eine Musik gehört«, antwortete er.

»Mister, haben Sie das piekfeine englische Mädchen namens Beryl auf der Party gesehen? Sie ist von der ersten Klasse runtergekommen. Zehn Jahre alt. Rotes Haar, rote Schuhe, blauer Dufflecoat?«

Der Mann nickte. »Das Mädchen hat sie nicht mehr alle.«

»Warum?«, fragte ich. »Was hat sie gemacht?«

Der Mann hievte sich weiter langsam den Kran hinauf, während er die Geschichte erzählte: »Die Yankees spielten ihre Ragtime-Songs und wir tanzten alle und hatten Spaß, als wir plötzlich auf den Eisberg prallten. Zuerst haben alle gelacht. Leute lieferten sich Schneeballschlachten und taten Eis in ihre Drinks. Wir kugelten uns alle vor Lachen. Aber dann kamen immer mehr Leute von unten hoch und sagten, dass in ihren Kabinen Wasser wäre. Na, da haben wir schlagartig aufgehört zu lachen, das kann ich dir sagen. Einer der Stewards sagte, dass wir hoch aufs Deck kommen sollen, aber deine Beryl wollte nichts davon hören. Sie rannte nach unten, wie eine Verrückte. *Nach unten*, verstehst du, wo das Wasser reinströmte. Sie schrie und brüllte was von Bonbons.«

Wir waren jetzt fast an der Spitze des Krans angekommen. Meine Finger waren taub vor Kälte. Mein Kiefer schmerzte. Meine Ohren und meine Nase fühlten sich an, als wären sie zu Eiszapfen gefroren.

Bonbons?

Ich versuchte nachzudenken – versuchte mich zu erinnern –, aber mein Geist war langsam und benebelt. Namen und Orte kamen mir in den Sinn und entfielen mir gleich wieder und ich konnte keinen festhalten.

Aber plötzlich, wie aus dem Nichts, fiel es mir wieder ein. »Wilbur Wigglebottom!«, schrie ich.

»Ja, das ist es«, sagte der Mann. »Davon hat sie geredet.«

»Wilbur Wigglebottom ist ihr Hund! Sie muss losgerannt sein, um ihn zu retten.«

Ich schloss die Augen und versuchte mir in Gedanken ein Bild des Schiffsplans zu machen. Auf einer meiner Erkundungstouren war ich auch bei den Hundezwingern gewesen. Sie waren unten auf dem F-Deck, wenn ich mich richtig erinnerte, neben dem Raum, in dem sie die Kartoffeln wuschen.

Mir rutschte das Herz in die Hose. Scotland Road stand bereits unter Wasser, daher war das F-Deck auch überschwemmt. Wenn Beryl wirklich zu den Hundezwingern gegangen war, wäre sie dort mit Sicherheit ertrunken.

Tote Augen und Lungen voller Wasser ... das sind die einzigen Menschen, die noch da unten sind.

KAPITEL 17

Der Mann aus Limerick erreichte die Spitze des Krans, umklammerte ihn fest und hing so in der Luft. Er war nur ein kurzes Stück von der Reling des Erste-Klasse-Promenadendecks entfernt, die Reling, an der Beryl gestanden hatte, als ich sie das erste Mal sah.

»Mister!«, schrie ich. »Sie müssen jetzt springen! Ziehen Sie sich auf die Spitze des Krans und springen Sie rüber aufs Promenadendeck.«

Der Mann wimmerte und klammerte sich noch fester an den Kran.

»Kommen Sie schon, Mister!«, brüllte ich. »Von uns beiden sollten sie der Tapfere sein! Herrgott noch mal, ich bin zwölf Jahre alt! Sie wollen doch nicht irgendwann auf diesen Moment zurückschauen und sich schämen!«

Das wirkte. Der Mann spannte den Kiefer an, prustete laut durch die Nase und hievte sich auf die Spitze des Krans.

»Gut gemacht, Mister!«, schrie ich. »Und jetzt springen Sie!«

Der Mann fiel mehr, als dass er sprang, in Richtung des Erste-Klasse-Decks. Er prallte mit voller Wucht auf die Reling und purzelte darüber in Sicherheit.

Ich wollte gerade seinem Beispiel folgen, als das Schiff auf einmal auf die Backbordseite schlingerte. Ein Takelageseil riss und der Kran drehte sich auf seinem Sockel. Ich konnte nichts weiter tun, als mich festzuhalten, während ich über die Reling des Welldecks geschwungen wurde.

Verzweifelt klammerte ich mich fest, mit nichts außer dem eiskalten Ozean unter mir. »Mister, helfen Sie mir!«, schrie ich. »Werfen Sie mir ein Seil oder so was zu.«

Aber er war bereits eine Leiter zum Bootsdeck hinauf verschwunden. Einen Platz in einem Rettungsboot zu bekommen, war das Einzige, was ihn in diesem Augenblick noch interessierte.

Während ich so über dem Atlantik baumelte und wie Espenlaub zitterte, hatte ich eine gute Sicht auf die *Titanic*. Elektrisches Licht leuchtete auf jedem Deck und am Heck des Schiffs ragten zwei riesige bronzene Propeller aus dem Wasser.

Ich sah noch einmal hin. Ja, das waren auf jeden Fall

Propeller. Sie hätten tief im Wasser sein müssen, doch sie waren in Gänze zu sehen. *Seltsam*, dachte ich. *Vom A-Deck bis hinunter zum G-Deck ist das Heck des Schiffs trocken.*

Ich veränderte meinen Griff und zwang mein benebeltes Hirn, die Bullaugen vom Heck bis zur Mitte des Schiffs zu zählen.

Ich zählte. Rechnete. Stellte es mir bildlich vor.

Und da wurde mir plötzlich klar: *Die Hundezwinger sind direkt auf der Wasserlinie. Beryl ist vielleicht noch am Leben!*

KAPITEL 18

Während ich so in der Luft baumelte und die Spitze des Krans umklammerte, brach der vorderste Schiffsschlot unten am Fuß ab und krachte neben mir ins Wasser. Das löste eine gewaltige Welle aus, die das Schiff leicht nach Backbord rollen ließ – und den Kran zurück in die mittlere Position schwang.

Das war meine Chance. Ich hievte mich hoch, bis ich auf der Spitze des Krans kauerte, und warf mich über die Reling des Erste-Klasse-Decks.

Geschafft!

Ich lag zitternd auf dem mit Eis übersäten Deck. Vom Deck über mir wurde ein Rettungsboot an der Seite des Schiffs heruntergelassen. Es kam dicht an mir vorbei und eine Frau mit einem Federhut brüllte mir zu, dass ich an Bord kommen solle.

Mir wäre nichts lieber gewesen, als in dieses Rettungsboot zu steigen, aber der Gedanke an Beryls Mutter hielt mich zurück. Stattdessen rappelte ich mich auf und stolperte erneut in das sinkende Schiff.

Der Erste-Klasse-Korridor hatte bronzene Lampen an den Wänden und war mit einem dicken roten Teppich ausgelegt. Er erstreckte sich in Richtung des Hecks, so weit ich sehen konnte, und stieg in einem so irrwitzigen Winkel an, dass ich nicht mehr rennen konnte, ohne ständig hinzufallen. Deshalb ging ich auf die Knie und fing an, auf allen vieren zu krabbeln. Wie ein Pavian hüpfte ich auf Knöcheln und Zehenspitzen bergauf.

Der Gang führte zu einem piekfeinen Café im Pariser Stil auf der Steuerbordseite des Schiffs. Jetzt natürlich nicht mehr so piekfein. Stühle lagen überall auf dem Boden verstreut, umgeben von umgefallenen Topfpflanzen und zerbrochenem Porzellan. Ich krabbelte weiter durch das Chaos zum Treppenhaus der zweiten Klasse, das hinab in den Schiffsbauch führte. Die Stufen fielen gefährlich ab, daher rutschte ich brüllend das Geländer hinunter. An einem anderen Tag hätte es Spaß gemacht.

Ich purzelte runter aufs F-Deck, nicht weit vom Maschinenraum. Vor mir standen ein paar Türen offen und ein schwach beleuchteter Korridor fiel in trübes Wasser ab.

»Beryl!«, brüllte ich.

Keine Antwort.

Die eindringende See schwappte vor und zurück und kam mir immer näher. Obwohl es um das Heck des Schiffs besser bestellt war als um den Bug, würde beide Teile des Schiffes dasselbe Schicksal ereilen und sie würden am Grund des Atlantiks enden.

Vier Mechaniker, die ein riesiges Metallrohr trugen, wankten vorbei. Sie waren so erschöpft, dass sie mich nicht einmal ansahen. Sie wateten einfach ins Wasser hinein und bewegten sich mit ihrer schweren Fracht platschend den Korridor entlang.

Ich biss die Zähne zusammen und folgte ihnen. Die Deckenbeleuchtung flackerte gespenstisch und ich hörte ununterbrochen rätselhafte scheppernde und knallende Geräusche, manche nicht weit von mir entfernt.

Das Wasser stieg immer weiter. Zuerst reichte es mir nur bis zu den Knöcheln, aber schon bald ging es mir bis zu den Knien. Ich watete, so schnell ich konnte, an den Kabinen der Mechaniker und dem Maschinenraum vorbei und erreichte schließlich den Raum mit den Hundezwingern. Die Tür stand offen, das Licht war an und aus dem Raum drang wildes Gebell.

»Beryl!«, schrie ich.

»Jimmy!«

Entlang der hinteren Wand des Raums standen zwölf Käfige, die in zwei Sechserreihen übereinandergestapelt waren. In den oberen Käfigen bellten sich eine Bulldogge und drei Terrier die Seele aus dem Leib. In den unteren Käfigen, die bereits überschwemmt waren, paddelten zwei Collies und ein Cocker Spaniel wie wild, um sich über Wasser zu halten. Beryl stand vor dem Käfig des Spaniels und versuchte das Schloss mit einer Haarnadel zu knacken.

»Beryl, die Rettungsboote laufen aus. Wir müssen von hier verschwinden!«

»Nicht ohne Wilbur«, sagte sie tränenerstickt.

»Wer hat die Schlüssel für seinen Käfig?«

»Der Proviantmeister«, schluchzte sie. »Ich war in seinem Büro, aber er war nicht da.«

Ich holte mein Taschenmesser heraus und watete zu ihr hinüber. »Lass mich mal versuchen.«

Ich wählte eine kleine dünne Klinge aus und zwängte sie so weit wie möglich ins Schloss. Dann nahm ich Beryls Haarnadel, ließ sie neben dem Messer hineingleiten und rüttelte sie behutsam hin und her.

»Beeil dich, Jimmy«, drängte Beryl. »Das Wasser hat schon fast das obere Ende des Käfigs erreicht.«

Meine Finger waren taub und steif, und sosehr ich mich auch anstrengte, das Schloss wollte sich einfach nicht öffnen. Wilbur scharrte an den Stäben seines Käfigs und kläffte vor Angst.

»Hallo!«, dröhnte eine Stimme hinter uns.

Wir drehten uns um und sahen einen hoch gewachsenen Mann in Smoking und Fliege, der in den Hundezwingerraum watete. Er richtete eine Waffe auf mich.

KAPITEL 19

»Mr Astor«, stammelte ich. »Was machen Sie hier?«

»Dasselbe wie du«, sagte er. »Wir hatten offensichtlich den gleichen Gedanken. Geh zur Seite, Junge, ich werde dieses Schloss in die Luft sprengen.«

Beryl und ich sprangen aus dem Weg und hielten uns die Ohren zu. PENG! Das Schloss explodierte in alle Richtungen und Wilburs Käfig sprang auf.

»Wilbur!«, schrie Beryl, als ihr geliebter Hund in ihre Arme schwamm. »Ich dachte, ich hätte dich verloren.«

»Gehen wir!«, schrie Mr Astor. »Folgt mir, schnell.«

»Nein«, sagte Beryl. »Schauen Sie sich all diese Hunde an. Sie werden ertrinken, wenn wir sie hierlassen.«

»Und du wirst ertrinken, wenn du es nicht tust«, blaffte Mr Astor sie an.

Beryl schüttelte den Kopf und brach wieder in Tränen aus.

Mr Astors Gesichtszüge wurden weicher. Er beugte sich vor und nahm Beryls Gesicht sanft in beide Hände. »Sieh mich an«, verlangte er. Beryl wandte ihr tränenüberströmtes Gesicht dem Millionär zu.

»Du und ich treffen jetzt eine Abmachung«, sagte Mr Astor ruhig. »Wenn du mit deinem Freund gehst, verspreche ich dir, dass ich hierbleiben und jeden einzelnen deiner heißgeliebten Hunde befreien werde.«

Sie nickte und er nickte zurück und ich packte Beryls Hand und wir gingen. Es gab so viele Dinge, die ich Mr Astor in diesem Augenblick sagen wollte, aber es war nicht mehr genug Zeit, um auch nur eins davon zu erwähnen.

Beryl und ich wateten aus dem Raum und den Gang entlang, während wir uns fest an der Hand hielten und uns damit abwechselten, stark zu sein. Wenn Beryl stolperte, zog ich sie wieder hoch. Wenn ich strauchelte, stützte sie mich. Die Schüsse aus dem Revolver des Amerikaners hallten durch den Korridor, als wir auf die Treppe zurannten.

Plötzlich blieb Beryl stehen. »Hörst du das?«, sagte sie. »Nicht die Schüsse. Das andere Geräusch.«

Ich lauschte. Über uns war ein Knirschen zu hören. Es wurde lauter und lauter, als würde etwas Schweres an der Backbordseite des Schiffs entlangschrammen.

»Rettungsboot!«, sagte Beryl. Sie watete zum nächstgelegenen Bullauge, drückte die Nase dagegen und schielte nach oben. »Es kommt direkt an uns vorbei! Komm, Jimmy, hilf mir, das Bullauge aufzumachen.«

Wir lösten die Sicherungen des runden Schiffsfensters und rissen es auf. Einen Augenblick später war das Rettungsboot auf unserer Höhe und wir fanden uns einer weinerlichen, verängstigten Frau mit einem dicken Wollschal gegenüber.

»Sagen Sie den Matrosen, dass sie es nicht weiter runterlassen sollen«, schrie ich.

»Auf keinen Fall!«, blaffte sie. »Dieses Boot ist bereits voll, siehst du das nicht?«

Aber wir ließen uns nicht abwimmeln. Beryl zog ihren Dufflecoat aus, wickelte Wilbur hinein und reichte ihn mir. Ich hielt den Hund fest und ging in die Hocke, damit Beryl auf meinen Rücken klettern konnte. Sie stürzte sich mit dem Kopf zuerst durch das Bullauge, schlängelte die Hüften durch das enge Loch und fiel auf der anderen Seite ins Rettungsboot. Die Taue knarzten und spannten sich.

»Ich hab gesagt, hier ist kein Platz, du dummes Gör!«, schrie die Frau. »Du wirst noch dafür sorgen, dass das Boot kentert und wir alle umkommen! Willst du das etwa?«

Die anderen Passagiere schwiegen. Sie saßen zusammengekauert dicht an dicht auf den Holzbänken und starrten zitternd und verängstigt vor sich hin, während das Boot nach unten gelassen wurde.

Ich streckte die Arme durch das Bullauge und schob Wilbur Wigglebottom hindurch.

»Jetzt reicht's!«, kreischte die Frau. »Ich musste dort oben meinem Mann Lebwohl sagen und du nimmst einen Hund mit? Bist du noch ganz bei Trost?«

Ich packte den Rand des Bullauges und hievte mich aus dem eiskalten Wasser. Mein Kopf ragte durch das Fenster und ich konnte das Rettungsboot unter mir sehen. Es hatte bereits fast das Wasser erreicht.

»Komm, Jimmy!«, schrie Beryl. »Du schaffst das!«

Ich wand mich und trat wie wild mit den Füßen, um mich durch das Loch zu zwängen.

»Gott sei Dank!«, schrie die Frau mit dem Schal. »Seine Schultern sind zu breit! Geh hinauf aufs Bootsdeck, junger Mann, und warte wie alle anderen, bis du an der Reihe bist. Obwohl, ich bin mir ziemlich sicher, dass dieses hier das letzte Rettungsboot ist.«

Sie hatte recht, meine Schultern passten einfach nicht durch das enge Bullauge. Ich beobachtete hilflos, wie ein

Besatzungsmitglied auf dem Rettungsboot die Taue kappte und den Matrosen oben ein Zeichen gab.

»Jimmy!«, schrie Beryl. »Jimmy!«

Das Rettungsboot trieb vom Schiff weg. Zwei Leute nahmen jeweils ein Ruder und fingen an, mit langen schnellen Schlägen davonzurudern.

Ich bin mir ziemlich sicher, dass dieses hier das letzte Rettungsboot ist. Das hatte die Frau gesagt.

Während ich mit den Schultern feststeckte, halb drin, halb draußen, beobachtete ich, wie das letzte Rettungsboot der *Titanic* in die Nacht davonruderte.

Daran war natürlich Beryl schuld. Sie und ihr dämlicher Hund. Und es war die Schuld des Ausgucks, weil er den Eisberg nicht früher ausgemacht hatte. Und die Schuld meines Vaters, weil er ohne uns nach Detroit gegangen und uns auf diesem vermaledeiten Schiff hatte reisen lassen.

Und Gottes Schuld, weil er mir so breite Schulter gegeben hatte.

Ich sage euch ganz ehrlich, dass ich weinte wie ein Baby, und meine Tränen tropften von meiner Nase in den Ozean unter mir.

KAPITEL 20

Schließlich schaffte ich es, mich aus dem Bullauge zurück in den Gang zu zwängen. Das Wasser stieg jetzt noch schneller. Halb watete, halb schwamm ich zum Treppenhaus der zweiten Klasse und zog mich am Geländer hoch.

Als mir bewusst wurde, dass ich nicht mehr zitterte, erinnerte ich mich mit Schrecken an etwas, das Pa mir einmal gesagt hatte, als wir zusammen in Kilkenny schwimmen gegangen waren.

Zittern hält einen am Leben, Jimmy. Wenn dir jemals so kalt ist, dass du nicht mehr zitterst, wirst du kurz darauf auch nicht mehr am Leben sein.

Was soll ich tun, Pa? Ich schnappte nach Luft, als ich die Treppe zu den Oberdecks hinaufstolperte. Und ich wurde wohl langsam verrückt, denn in Gedanken hörte ich seine Antwort klar und deutlich. *Finde trockene Kleider und eine Schwimmweste, Jimmy.*

Das ist es, was ich hörte. *Trockene Kleider und eine Schwimmweste.* Völlig übergeschnappt.

Auf dem B-Deck angekommen, schlitterte ich durch das Chaos des Pariser Cafés und rannte geradewegs in eine der Erste-Klasse-Kabinen.

Ich schaute schnell unter die Betten, die zum Bugende des Zimmers gerutscht waren, und fand eine Schwimmweste unter dem dritten. Dann öffnete ich einen umgestürzten Schrank. Er war voller Männerpullover, Socken und Hosen.

Alle Kleidungsstücke waren zu groß für mich, aber das war jetzt egal. Ich riss mir die eiskalten und tropfnassen Kleider vom Leib und zog trockene an. Außerdem staffierte ich mich noch mit einem langen Wintermantel, einem Paar trockener Stiefel und zwei Thermalunterhosen auf dem Kopf aus. Ich sah bestimmt wie ein totaler Spinner aus, aber das war mir völlig egal.

Als ich es schließlich zurück aufs Bootsdeck schaffte, war es nicht mehr derselbe Ort, den ich vorhin verlassen hatte. Als ich mit Mam und Ralph dort oben gewesen war, waren Dutzende Leute umhergelaufen und es war noch keine Panik ausgebrochen. Jetzt waren da Hunderte – buchstäblich

Hunderte – von Leuten an Deck, und es herrschte völliges Chaos.

Ich erkannte ein paar Leute, mit denen wir auf dem hinteren Welldeck gewartet hatten. Der rothaarige Mann mit dem irischen Dudelsack. Eine irische Frau mit kleinen Kindern. Viele Italiener, die gar nicht mehr aufhörten zu schreien. Die Stewards hatten sie endlich aufs Deck gelassen – viel zu spät, um auch nur eine einzige Seele hier zu retten.

Die Musiker spielten nicht mehr. Statt der fröhlichen Geigen- und Cellomusik war nur noch zischender Dampf über uns und unter uns ein rätselhaftes Scheppern und Schlagen zu hören.

Und um mich herum: Weinen.

Und Geschrei.

Und Gebete.

Ich hielt mich an einem Metallring in der Nähe einer der drei übrig gebliebenen Schlote fest. Von dort konnte ich sowohl die Backbord- als auch die Steuerbordseite des Bootsdecks sehen. Entlang beider Seiten waren die Seilwinden für die Rettungsboote leer. Die Frau in Beryls Boot hatte recht gehabt. Alle Rettungsboote waren weg.

Ich hatte Mam versprochen, dass ich ein anderes Rettungsboot nehmen würde, und jetzt hatte ich mein Wort gebrochen. Ich würde mit diesem Schiff untergehen.

Der Bug lag jetzt tief im eiskalten Wasser und Leute versuchten, sich das abfallende Deck hinauf in Richtung des Hecks zu hieven. Ich sah eine Mutter, die sich mit einer Hand hochzog und mit der anderen ihr Baby hielt, und einen Priester, der sich an einer Gepäckklappe fest-klammerte und seine freie Hand anderen hinstreckte, um ihnen hinaufzuhelfen. Ich sah Stewards, Kellner und Hei-zer ins Wasser springen und versuchen, zu den Rettungs-booten zu schwimmen. Das Allermerkwürdigste aber sah ich durch das hintere Fenster des Gymnastikraums: ein Mann mit Zylinder, der mit einem riesigen Lächeln im Gesicht auf dem elektrischen Kamel ritt.

Und dann entdeckte ich etwas anderes. Am Bug des Schiffs befanden sich zwei Rettungsboote, die noch nicht zu Wasser gelassen worden waren.

KAPITEL 21

Die letzten beiden Rettungsboote auf der *Titanic* waren für die meisten auf dem Bootsdeck unsichtbar, weil sie auf dem Dach der Offiziersquartiere lagerten. Diese Boote sahen merkwürdig aus. Sie hatten einen festen Boden, aber die Seiten bestanden aus skelettartigen Holzgerüsten. Faltboote.

Ein paar Matrosen unten beim Bug kletterten auf das Dach und fingen an, die Faltrettungsboote aufs Bootsdeck herunterzulassen. In dem Moment fiel mir auf, dass um den Rand ihrer Bootskörper eine Rolle Segeltuch befestigt war, bereit, über die Holzgerüste gespannt zu werden. Sobald die Seiten hochgezogen waren, würden diese Boote genauso seetüchtig sein wie jedes andere Rettungsboot.

Die junge Mutter stand neben mir, in einem Arm ihr Baby, und hielt sich mit dem anderen fest. Ich stupste sie an und zeigte auf die Rettungsboote.

»Schauen Sie«, sagte ich. »Zwei zusätzliche Boote!«

Wir rannten und schlitterten und rollten das abfallende Deck hinunter auf die kostbaren Boote zu.

Es war allen klar, dass der *Titanic* nur noch Minuten blieben. Der Bug tauchte noch ein paar Meter tiefer ins Meer und die See schlug bis hoch zur Ebene der Kommandobrücke. Ein Offizier, der aus dem Ruderhaus trat, wurde geradewegs vom Schiff gespült. Er hatte nicht einmal Zeit zu schreien. Er verschwand einfach.

Sobald die Faltboote auf dem Bootsdeck lagen, befestigte eine Gruppe Offiziere sie an den Seilwinden der Reling. »Alle Mann an Bord!«, schrie einer.

Ich rannte zur Steuerbordseite und wollte gerade reinklettern, als jemand von hinten in mich hineinkrachte, sodass ich unsanft auf dem Deck landete. Dutzende Menschen hatten diese letzte Überlebenschance erspäht und scharten sich um die Boote wie Ameisen um zwei Zuckerwürfel. Ich rappelte mich auf und versuchte in das andere Boot zu steigen, aber die Menschenmenge war so dicht aneinandergedrängt, dass es kein Durchkommen gab.

Obwohl ich die Boote als Erster gesehen hatte, würde ich mit Sicherheit in keinem einen Platz bekommen. Es war nicht fair.

Aber das war natürlich genau die Sache. Nichts, was hier passierte, war fair.

»Das reicht!«, schrie der kommandierende Offizier. »Tretet zurück! Die Faltboote sind voll!«

Und wieder rutschte der Bug der *Titanic* noch ein Stück tiefer ins Meer. Das plötzliche Ansteigen des Wassers hob die Faltboote vom Deck und riss sie nach vorne. Das Boot auf der Backbordseite trieb frei, doch das auf unserer Seite war immer noch an den Winden befestigt.

»Durchtrennt die Taue!«, schrie ein Mann im Anzug an Bord des Rettungsboots. »Durchtrennt die Taue, schnell, sonst werden wir in die Tiefe gezogen!«

Ich holte blitzschnell mein Taschenmesser heraus und warf es dem Herrn zu, der mit einer raschen Bewegung eines der Taue durchschnitt. Ein Steward tat dasselbe am anderen Ende und befreite so das Rettungsboot. Es trieb vom Schiff weg und ließ den Rest von uns auf dem überschwemmten Deck der *Titanic* zurück.

»Rollt die Seiten hoch!«, schrie der kommandierende Offizier.

Die Leute in den Booten packten die Segeltuchrollen und fingen an, sie über das Holzgerüst zu ziehen. Aber während sie damit beschäftigt waren, kam es zu einer Explosion am

Fuß des nächstgelegenen Schornsteins der *Titanic*. Wie in Zeitlupe stürzte der ganze riesige Schlot um und krachte auf der Backbordseite des Schiffs ins Wasser. Eine gewaltige Welle schwappte über uns und spülte uns alle ins Meer.

Meine Schwimmweste zog mich aus dem Wasser und ich dümpelte nach Luft schnappend an der Oberfläche. Überall um mich herum schlugen Frauen und Kinder schreiend um sich, während der Schlot spurlos im Meer verschwand.

Eines der Faltboote schwamm mit dem Kiel nach oben auf der Backbordseite des Schiffs und das andere – das ich geholfen hatte zu befreien – trieb auf der Steuerbordseite ab, halb mit Wasser vollgelaufen. Die Passagiere beider Boote waren im Wasser.

Ich fing an, auf das überschwemmte Boot auf der Steuerbordseite zuzuschwimmen. Trotz des Chaos um mich herum fühlte ich mich merkwürdig ruhig. Ich tat so, als würde ich mit meinem Pa im Fluss von Kilkenny schwimmen und als wären die schrecklichen Schreie um mich herum das aufgeregte Kreischen von Ralph und den anderen Kindern. Ich stellte mir vor, wie Mam mir *Komm jetzt raus, Jimmy!* zurief und ich *Nur noch eine Minute, Mam!* antwortete.

Das kalte Salzwasser brannte mir in den Augen und im Hals, doch ich konzentrierte mich auf meine Kraultechnik: Ich durchschnitt mit der Kante meiner Hände das eiskalte Wasser und atmete regelmäßig, wie man es mir beigebracht hatte.

Nur noch eine Minute, Mam.

Meine Kleider und Schuhe fühlten sich schwer an meinem Körper an, aber meine mit Korken gefüllte Schwimmweste verhinderte, dass ich nach unten gezogen wurde, und nach ein paar weiteren Zügen erreichte ich das Faltboot.

Keuchend und zitternd zwängte ich mich zwischen den Holzlatten hindurch und in das Rettungsboot.

KAPITEL 22

Die letzten zweiundzwanzig Sekunden der *Titanic* waren ein grauenhafter Anblick. Das Heck ragte immer steiler in die Höhe und Dutzende Menschen sprangen ins Meer. Weitere Dutzend schlitterten das Deck hinunter und prallten dabei von Relingen und Lukendeckeln ab. Ich hörte vier gewaltige Explosionen, woraufhin alle Lichter an Bord des Schiffs flackerten und ausgingen.

So tief, wie der Bug lag, und so hoch, wie das Heck nach oben ragte, wurde der Druck auf die Mitte des Schiffs zu groß. Mit einem ohrenbetäubenden Krachen brach die *Titanic* auseinander. Die vordere Hälfte des Schiffs verschwand im Meer und die hintere knallte aufs Wasser und schleuderte noch mehr Menschen von Deck.

Auch sie hielt sich nicht mehr lange auf der Wasseroberfläche. Sie neigte sich zur Seite und drang senkrecht ins Wasser ein wie die Schwanzflosse eines tauchenden Wals.

Die Schreie. Die Schreie. Solange ich lebe, werde ich niemals die Schreie vergessen.

In den darauf folgenden Minuten erreichten sechzehn Menschen das überschwemmte Rettungsboot und kamen an Bord: zwölf Männer, eine Frau und drei Kinder. Wir saßen an den Rändern des Boots und starrten entsetzt auf die dunkle Wasserstelle, an der das Traumschiff verschwunden war. Wir konnten hören, wie es unter Wasser auf seinem Weg in die Tiefe implodierte und auseinanderfiel.

Ich erinnere mich an die um mich herumtreibenden Wrackteile: ein Liegestuhl hier, ein Koffer dort, ein paar Speisekarten aus den Restaurants. Ich dachte sogar, ich hätte eine Kiste mit der Aufschrift »Drachenblut« umhertreiben sehen, aber vielleicht hatte ich mir das auch nur eingebildet.

Die Menschen bildete ich mir jedoch nicht ein. Sie waren überall um uns herum, schnappten nach Luft und starben, während sie im Wasser um sich schlugen.

Am schlimmsten waren die Tode in unserem Rettungsboot. Wir schafften es schließlich, die Segeltuchseiten hochzuziehen, doch war im Boot zu viel Wasser und nicht genug Platz, damit alle trocken bleiben konnten. Die Erwachsenen beschlossen sich damit abzuwechseln, im eiskalten Wasser zu knien. Im Laufe der nächsten Stunden starben drei von ihnen direkt vor unseren Augen. Sie hörten auf zu zittern, wurden ganz still und schlüpften lautlos unter die Wasseroberfläche.

Aber wisst ihr, was mir von dieser Nacht am deutlichsten in Erinnerung geblieben ist, von den ganzen schrecklichen Dingen einmal abgesehen? Die Sterne! In Kilkenny konnten wir die Sterne wegen des Nebels und der Straßenlaternen nie richtig sehen. Aber während ich in dieser Nacht auf dem Atlantik trieb, war der Himmel übersät mit Sternen: Orion, das Siebengestirn, der Große Wagen, alle Sternbilder.

Gedanken wirbelten in meinem Kopf herum. Wie viel Uhr war es in Kilkenny? War es schon Morgen? Wie spät war es in Detroit? War Pa schon zu Bett gegangen? Schlief er unter ebendiesen Sternen? Träumte er? War er ruhig und glücklich in seinen Träumen oder quälten ihn weit entfernte Schreie und Schatten?

Viele der Überlebenden in dem Rettungsboot weinten um diejenigen, die sie verloren oder zurückgelassen hatten. Ein Mann mit einer Melone auf dem Kopf schluchzte unkontrolliert, als er sich plötzlich über die Seite des Boots lehnte und lauthals »Beryl!« rief. Wie sich herausstellte, war er Beryls Vater. Er war bis zur allerletzten Minute auf der *Titanic* geblieben und hatte vergebens nach seiner Tochter gesucht.

»Sir, sie lebt«, sagte ich ihm. »Sie ist mit Wilbur Wigglebottom in einem Rettungsboot. Ich habe sie mit eigenen Augen gesehen.«

Der Mann gab ein merkwürdiges Geräusch von sich, eine Mischung aus einem Lachen und einem Schluchzen, und umarmte mich so fest, dass ich dachte, wir würden beide über Bord fallen.

Ich fragte mich unwillkürlich, was für ein Geräusch Pa machen würde, wenn er hörte, dass ich überlebt hatte.

Oder umgekommen war.

KAPITEL 23

Nach ein oder zwei Stunden trieben wir an die Seite eines richtigen Holzrettungsboots, das nur halb voll war. Wir flehten die Menschen im Boot an, uns zu ihnen steigen zu lassen, bis sie schließlich zustimmten. Das neue Rettungsboot war besser als das Faltboot. Es war trocken. Das war die Hauptsache.

Ich saß im Schneidersitz auf dem Boden des Boots und starrte vor mich hin. Jemand gab mir einen Keks aus dem Rationsspind und ich aß ihn mit winzig kleinen Bissen, während ich mich fragte, wie lange es dauern würde, bevor die Rettungsbootrationen ausgingen. Stunden? Tage?

In einer schrecklichen Nacht war unsere riesige schwimmende Stadt zu einer im Atlantik dahintreibenden Barke geschrumpft. Wusste überhaupt irgendjemand, welches Schicksal die *Titanic* ereilt hatte?

War irgendjemand unterwegs, um uns zu retten?

Irgendjemand?

Jemals?

Einige Zeit später wurde ich von einem lauten Nebelhorn geweckt. Ich setzte mich auf und sah ein grelles Licht, das direkt auf uns gerichtet war. Ich blinzelte und hielt mir die Hand vor die Augen.

Beryls Vater jubelte und winkte und sprang auf und ab. »Ein Schiff!«, schrie er. »Wir sind gerettet!«

Ich war so müde und mir war so kalt, dass ich gar nicht richtig mitbekam, was danach passierte. Ich glaube, das Schiff schickte kleine Boote aus, um uns zu Hilfe zu kommen. Ich erinnere mich, dass mir jemand sagte, ich solle mich in einen Korb setzen, und dass ich aufs Deck gehievt wurde. Und ich erinnere mich, dass Mam sich auf mich stürzte. Sie umarmte und küsste mich, schrie mich an und umarmte mich dann wieder. Ralph umarmte mich auch. Ich war zu müde, um ihn davon abzuhalten.

»Wir dachten, wir hätten dich verloren«, sagte Ralph. »Du bist ein wenig durchgedreht, Jimmy, als du einfach so ins Schiff zurückgerannt bist.«

»Ich bin nicht durchgedreht«, erwiderte ich. »Ich erzähle euch die ganze Geschichte später.«

»Hast du das gehört, Mam?«, sagte Ralph mit einem Zwinkern. »Unser Jimmy behauptet, er wäre nicht durchgedreht. Ich würde ihm das ja glauben, wenn er keine Unterhosen auf dem Kopf tragen würde.«

Um neun Uhr morgens wurde der letzte Überlebende der *Titanic* an Bord gebracht und das Rettungsschiff setzte Kurs auf New York. Mam sagte, der Name des Schiffs sei *Carpathia*. Sogar der Name klang willkommen heißend und freundlich.

Alle Überlebenden wurden unter Deck gebracht, man gab uns eine Decke und eine Tasse heiße Milch mit Zucker. Meine Hände waren so kalt und taub, dass ich zuerst nicht mal meine Tasse halten konnte. Und dann, als ich es schließlich schaffte, sie anzuheben, waren meine Lippen noch zu gefühllos, um richtig zu trinken, und die Milch lief mir übers Kinn.

Ralph grinste mich an. »Möchtest du vielleicht einen Löffel?«, fragte er.

Ein Offizier des Rettungsschiffs lief mit einem Klemmbrett auf und ab und fragte alle nach ihren Namen und ihrer Adresse, damit er eine Liste der Überlebenden machen konnte.

»Omar Betros«, hörte ich einen Jungen sagen.

Ich sprang auf und rannte zu ihm. Wie ich war er in eine Decke gewickelt und umklammerte einen Becher.

»Omar!«, schrie ich. »Ich bin so froh, dich zu sehen!«

»Hallo, Jimmy.« Omars Stimme war leblos und müde. »Ich bin so froh, dass du am Leben bist.«

»Ich auch! Hast du schon Neuigkeiten von deinem Vater?«

Omar schüttelte den Kopf. »Jemand hat mir das hier gegeben. Hat es gefunden, wie es im Wasser trieb.«

Er setzte seinen Becher ab und holte etwas unter seiner Decke hervor. Es war ein tränenförmiges Musikinstrument mit filigranen Perlmuttwirbeln, die in die polierte Holzoberfläche eingesetzt waren. Ich erkannte sofort die Ud, die Omars Vater auf der Party der dritten Klasse gespielt hatte.

»Das heißt nicht, dass er tot ist«, sagte ich und schluckte. »Das bedeutet gar nichts.«

»Doch, es bedeutet genau das«, flüsterte Omar. Er blinzelte zweimal, beugte sich vor und fing an zu weinen.

Ich hatte noch niemanden so heftig weinen sehen. Zuerst stand ich einfach nur da und starrte ihn an, weil ich nicht wusste, was ich tun sollte, aber dann kniete ich mich vor ihn auf den Boden und umarmte ihn, während er weinte.

So viele Erinnerungen an die *Titanic*. Ein paar sind natürlich gute Erinnerungen. Niemand kann uns die nehmen. Dachtanz. Drachenblut. Elektrisches Kamel. Polierte Geländer. Engel aus Bronze. Strahlende Kronleuchter.

Auch schreckliche Erinnerungen. Erinnerungen, die mich für den Rest meines Lebens verfolgen werden. Berstendes Metall. Einstürzende Schlote. Schreie in der Dunkelheit.

Aber wenn ich an die *Titanic* denke, habe ich vor allem ein Bild vor Augen: mein in eine Decke gewickelter Freund Omar, der die libanesische Laute seines Vaters umklammert und herzzerreißend weint.

Ich habe den Untergang der *Titanic* überlebt, 1522 Menschen jedoch nicht. Möge jeder einzelne von ihnen in Frieden ruhen.

HISTORISCHE ANMERKUNGEN

DAS SCHIFF

Als sie gebaut wurde, war die *Titanic* das größte Schiff der Welt. Sie war länger als drei Fußballfelder und höher als ein siebzehnstöckiges Haus.

Sie startete zu ihrer Jungfernfahrt (erste Fahrt) in Southampton am 10. April 1912. Sie nahm weitere Passagiere in Cherbourg, Frankreich, und Queenstown, Irland, an Bord und machte sich dann auf den Weg nach New York, USA. Am 14. April um 23.40 Uhr rammte sie einen Eisberg. Ab Seite 124 findest du einen zeitlichen Verlauf der letzten Stunden der *Titanic*.

DIE MENSCHEN

Weder Jimmy noch Omar beruhen auf echten Personen, aber ich habe einmal eine aufregende wahre Geschichte von einem Jungen gelesen, der den Untergang der *Titanic* überlebte. Jack Thayer war zum Zeitpunkt des Unglücks siebzehn Jahre alt. Er sprang ins Wasser, als das Schiff unterging, und es gelang ihm irgendwie, zu einem der Rettungsboote zu schwimmen.

Omars Vater

An Bord der *Titanic* reisten dreiundneunzig libanesische Passagiere. Omars Vater basiert auf Al-Amir Faris Shihab, einem talentierten libanesischen Musiker, der nach Amerika reiste, um dort sein Glück zu finden. Er spielte die Ud, ein libanesisches Saiteninstrument, das einer Laute ähnelt. Er spielte sie oft, um Passagiere an Bord der *Titanic* zu unterhalten. Als das Schiff zu sinken begann, führte er viele Frauen und Kinder zu den Ausgängen und spielte dann seine Ud, um diejenigen zu beruhigen, die an Bord zurückblieben. Er ging mit dem Schiff unter.

Kapitän Edward Smith

Kapitän Edward Smith war der Kapitän der *Titanic*. Er war für die sichere Führung des Schiffes und der gesamten Schiffsbesatzung zuständig. Im Laufe seiner Karriere kommandierte Kapitän Smith viele Schiffe. Als er einmal gefragt wurde, was er im Falle des Untergangs eines seiner Schiffe tun würde, antwortete er: »Ich würde mit dem Schiff untergehen.« Er wurde das letzte Mal im Ruderhaus der *Titanic* gesehen, als sie vom Meer verschlungen wurde.

Thomas Andrews

Thomas Andrews war der Schiffskonstrukteur, der die *Titanic* entwarf. Nachdem das Schiff den Eisberg gerammt hatte, informierte Mr Andrews den Kapitän über den Schaden und sagte ihm, dass die *Titanic* auf jeden Fall untergehen würde. Er wies den Kapitän auch darauf hin, dass nicht genügend Rettungsboote an Bord waren. (Die Zahl der Rettungsboote wurde so gering wie möglich gehalten, um Kosten zu senken und damit die Decks nicht zu voll waren.) Thomas Andrews ging mit dem Schiff unter.

Jacques Futrelle

Jacques Futrelle war der Autor vieler Kriminalerzählungen. Seine berühmtesten Geschichten handelten von einem Detektiv, der so intelligent war, dass er den Spitznamen »Denkmaschine« hatte. Futrelle wurde das letzte Mal auf dem Deck der *Titanic* gesehen, wo er eine Zigarre mit John Jacob Astor rauchte.

John Jacob Astor

John Jacob Astor war ein amerikanischer Millionär und ein Mann mit vielen Talenten. Er war Geschäftsmann, Erfinder und sogar Science-Fiction-Autor. Seine Frau, Madeleine, überlebte den Untergang der *Titanic*, er selber kam jedoch ums Leben. Es gibt viele Geschichten über sein heldenhaftes Handeln während des Schiffsuntergangs. So wird erzählt, dass er half, in der dritten Klasse Alarm zu schlagen. Auch befreite er wohl Hunde aus ihren Käfigen.

ORTE

Der Grundriss der *Titanic* war genau so wie in diesem Buch beschrieben. Jimmys und Omars geheime und nicht so geheime Wege durch das Schiff wären möglich gewesen. Deckpläne der *Titanic* kannst du dir hier genauer ansehen: https://www.encyclopedia-titanica.org/titanic-deckplans/

Die Laderäume

Die *Titanic* besaß mehrere Laderäume. Auf der Jungfernfahrt beinhaltete die Ladung ein Automobil von Renault, eine Marmeladenmaschine und mehrere Kisten Drachenblut. Allerdings wären Jimmy und Omar enttäuscht gewesen zu erfahren, dass das Drachenblut an Bord nichts mit Drachen zu tun hatte. Es handelte sich dabei lediglich um rotes Naturharz, den man für Nagellack benutzte.

Der Gymnastikraum

Der Gymnastikraum auf dem Bootsdeck der *Titanic* wurde von Thomas McCawley beaufsichtigt. Es gab dort tatsächlich ein elektrisches Kamel.

Die Hundezwinger

Die Zwinger standen unten auf dem F-Deck. Dort waren zwölf Hunde untergebracht, von denen drei den Untergang überlebten. Die Hunde, die überlebten, befanden sich zum Zeitpunkt des Untergangs nicht in den Zwingern. Sie verbrachten die Nacht in den Kabinen ihrer Besitzer und wurden mit ihnen an Bord der Rettungsboote genommen.

DIE LETZTEN STUNDEN

Sonntag, den 14. April 1912

23.39 Uhr Der Ausguck, Frederick Fleet, entdeckt einen Eisberg im Wasser vor der *Titanic*.

23.40 Uhr Die *Titanic* rammt den Eisberg mit der Steuerbordseite ihres Bugs. Wasser strömt durch das Loch in ihren Schiffskörper hinein.

Montag, den 15. April 1912

00.00 Uhr Thomas Andrews teilt Kapitän Smith mit, dass die *Titanic* in weniger als zwei Stunden sinken wird.

00.05 Uhr Kapitän Smith weist die Besatzung an, die Rettungsboote klarzumachen, und befielt den Funkoffizieren, einen Notruf abzusetzen.

00.20 Uhr Es wird mit dem Beladen der Rettungsboote begonnen – Frauen und Kinder zuerst.

00.25 Uhr Achtundfünfzig Seemeilen entfernt empfängt die *Carpathia* die Notrufsignale und setzt Kurs auf die *Titanic*.

00.45 Uhr Das erste Rettungsboot wird nicht einmal halb voll zu Wasser gelassen.

01.14 Uhr Das Wasser reicht bis zur Namenstafel am Bug der *Titanic*. Als der Bug zu sinken beginnt, hebt sich das Heck aus dem Wasser.

02.05 Uhr Das letzte Rettungsboot wird zu Wasser gelassen, aber mehr als 1500 Menschen bleiben auf dem Schiff zurück.

02.10 Uhr Das Heck ragt jetzt weit aus dem Meer heraus.

02.17 Uhr Kapitän Smith macht die Ansage: »Rette sich, wer kann.«

02.18 Uhr Die Lichter gehen aus.

02.19 Uhr Die *Titanic* bricht auseinander. Der Bug versinkt halb.

02.20 Uhr Das Heck füllt sich mit Wasser und sinkt.

04.10 Uhr Die *Carpathia* nimmt die ersten Rettungsboote der *Titanic* auf.

08.30 Uhr Die *Carpathia* nimmt das letzte Rettungsboot der *Titanic* auf.

09.00 Uhr Die *Carpathia* läuft in New York mit 705 Überlebenden der *Titanic* ein. 1522 Menschen sind auf See umgekommen.

DIE UNTERSUCHUNG

Nach dem Unglück gab es eine öffentliche Untersuchung. Überlebende wurden befragt, um herauszufinden, warum es zu dem Unglück gekommen war. Die Kommission kam unter anderem zu den folgenden Schlüssen:

· Die *Titanic* ging unter, weil sie in einem Eisgebiet zu schnell unterwegs war.

· Kein Besatzungsmitglied der *Titanic* trug Schuld an der Katastrophe.

· In der Zukunft sollten Schiffe genügend Rettungsboote für alle Passagiere mit sich führen.

GLOSSAR

NAUTISCHE FACHBEGRIFFE

Backbord die linke Seite des Schiffs

Bootsdeck das oberste Deck des Schiffs, auf dem sich die Rettungsboote befinden

Bug das vordere Ende des Schiffs

Heck das hintere Ende des Schiffs

Kombüse Küche

Kommandobrücke der Bereich am vorderen Ende des Bootsdecks,
von dem aus das Schiff befehligt wird

Krähennest eine Plattform auf halber Höhe des Masts, auf dem die
Ausgucke stehen

Ruderhaus ein Raum in der Kommandobrücke, in dem sich das
Steuer des Schiffs befindet

Steuerbord die rechte Seite des Schiffs

Vorderdeck das oberste Außendeck des Schiffs

Welldecks die untersten ungeschützten Decks des Schiffs

Zahl- und Proviantmeister ein Offizier, der für die Ladung und
andere Wertsachen zuständig ist

MUSIKINSTRUMENTE

Irischer Dudelsack auch Uilleann Pipes genannt, wird mit dem Ellbogen gespielt

Ud ein libanesisches Instrument mit elf Saiten, das einer Laute ähnelt

16. Auflage 2026

© der deutschen Ausgabe 2018 Aladin Verlag GmbH,

2019 Aladin in der Thienemann-Esslinger Verlag GmbH,

Blumenstraße 36, 70182 Stuttgart

Bei Fragen zum Produkt: service@thienemann.de

Printed in Germany. Alle Rechte vorbehalten.

Wir behalten uns die Nutzung unserer Inhalte für Text und

Data Mining im Sinne von § 44b UrhG ausdrücklich vor.

Originalcopyright Text © Stephen Davies, 2017

Originalverlag: Scholastic Ltd., London

Originaltitel: Titanic

Umschlagbild und Illustrationen: Torben Kuhlmann

Aus dem Englischen von Ann Lecker

Lektorat: Birte Ohlmann

Herstellung, Layout und Satz: Steffen Meier

Lithografie: Margit Dittes Media, Hamburg

Satz aus der Crimson und Lemon/Milk

Druck und Bindung: GGP Media GmbH, Pößneck

ISBN 978-3-8489-2103-4

www.thienemann.de